Startup Business Chinese
An Introductory Course for Professionals
新世纪商用汉语初级会话

Level 1

Workbook

Jane C. M. Kuo

CHENG & TSUI COMPANY

Boston

20 19 18 17 16 15   2 3 4 5 6 7 8 9 10

Published by
Cheng & Tsui Company, Inc.
25 West Street
Boston, MA 02111-1213 USA
Fax (617) 426-3669
www.cheng-tsui.com
"Bringing Asia to the World"™

ISBN-13: 978-0-88727-661-3
ISBN-10: 0-88727-661-X

Printed in the United States of America

Contents

Unit **1.1**

Exercises

 1. **Listen to the audio and read the following conversations out loud. Then give the English equivalents.**

1. A: Nín guì xìng?

   B: Wǒ xìng Lǐ, Wǒ jiào Lǐ Gāng. Nín ne?

   A: Wǒ xìng Bāo, jiào Bāo Mín.

   _____

   _____

   _____

2. A: Tā xìng shénme?

   B: Tā xìng Lǚ.

   _____

   _____

3. A: Dīng Lǎoshī jiào shénme míngzi?

   B: Tā jiào Hǎipíng.

   _____

   _____

4. A: Bái Xiānsheng jiào shénme míngzi?

   B: Bái Xiānsheng jiào Yǒutián.

   _____

   _____

5. A: Hěn gāoxìng rènshi nín, Kǒng Xiānsheng.

    B: Hěn gāoxìng rènshi nín, Dèng Xiānsheng.

    _____

    _____

2. **Complete the following questions by choosing the most appropriate option, and then answer the questions.**

Example:

    A: Wáng Xiānsheng __(c)__ shénme míngzi?
        (a) guì xìng   (b) xìng   (c) jiào

    B: <u>Wáng Xiānsheng jiào Shàngróng.</u>

1. A: _____ guì xìng?
        (a) Wǒ   (b) Nǐ   (c) Tā

    B: _____

2. A: Nín _____ shénme míngzi?
        (a) jiāo   (b) jiáo   (c) jiǎo   (d) jiào

    B: _____

3. A: Tā _____ shénme?
        (a) guì xìng   (b) xìng   (c) jiào

    B: _____

4. A: Lǎoshī _____ shénme?
        (a) guì xìng   (b) xìng   (c) jiào

    B: _____

3. **Complete the following conversations by filling in the blanks with the most appropriate words or expressions.**

1. A: Nín hǎo!

    B: _____!

2. A: Nín _____ xìng?

    B: Wǒ xìng _____.

3. A: Nǐ _____ shénme míngzi?

   B: Wǒ _____, nín _____?

   A: Wǒ _____ Hú, _____ Hú Tāo.

4. A: Mǎ Lǎoshī jiào _____ míngzi?

   B: Tā _____ Mǎ Shān.

5. A: Tā xìng _____?

   B: Tā xìng Jiāng.

6. A: Hěn _____ rènshi nín!

   B: Rènshi nín _____!

4.   **Rearrange the following words into meaningful sentences.**

1.   (a) shénme   (b) jiào   (c) míngzi   (d) nǐ

     _____?

2.   (a) rènshi   (b) gāoxìng   (c) hěn   (d) nín

     _____.

3.   (a) xìng   (b) nín   (c) guì

     _____?

4.   (a) lǎoshī   (b) hǎo   (c) Lín   (d) nín

     _____.

5.   (a) shénme   (b) tā   (c) xìng

     _____?

6.   (a) shénme   (b) míngzi   (c) xiānsheng   (d) jiào   (e) Chén

     _____?

5. You are about to meet your co-workers on your first day at a new job. Introduce yourself and remember their names as they introduce themselves to you.

_____

_____

_____

_____

Unit **1.2**

Exercises

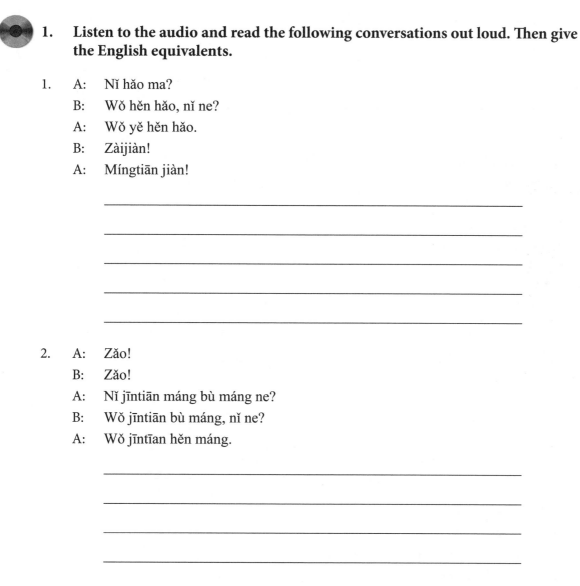

1. **Listen to the audio and read the following conversations out loud. Then give the English equivalents.**

1. A: Nǐ hǎo ma?

   B: Wǒ hěn hǎo, nǐ ne?

   A: Wǒ yě hěn hǎo.

   B: Zàijiàn!

   A: Míngtiān jiàn!

   _____

   _____

   _____

   _____

   _____

2. A: Zǎo!

   B: Zǎo!

   A: Nǐ jīntiān máng bù máng ne?

   B: Wǒ jīntiān bù máng, nǐ ne?

   A: Wǒ jīntīan hěn máng.

   _____

   _____

   _____

   _____

   _____

3.	A:	Nín hǎo!

	B:	Nín hǎo!

	A:	Nín guì xìng?

	B:	Wǒ xìng Xiāo. Nín ne?

	A:	Wǒ xìng Qián.

	B:	Hěn gāoxìng rènshi nín, Qián Xiānsheng.

	A:	Hěn gāoxìng rènshi nín, Xiāo Xiānsheng.

_____

_____

_____

_____

_____

_____

4.	A:	Nǐ rèn bú rènshi tā?

	B:	Wǒ bú rènshi tā, nǐ ne?

	A:	Wǒ rènshi tā.

	B:	Tā xìng shénme?

	A:	Tā xìng Jīn.

	B:	Tā jiào shénme míngzi?

	A:	Tā jiào Yǎměi.

_____

_____

_____

_____

_____

_____

5.	A:	Gāo Xiānsheng gāo bù gāo?

	B:	Gāo Xiānsheng hěn gāo.

	A:	Gāo Tàitai ne? Gāo Tàitai yě hěn gāo ma?

	B:	Gāo Tàitai bù hěn gāo.

_____

_____

_____

_____

6. A: Zǎoshang hǎo!

    B: Zǎoshang hǎo!

    A: Nǐ míngtiān wǎnshang máng bù máng?

    B: Bù máng. Nǐ ne?

    A: Wǒ yě bù máng.

_____

_____

_____

_____

_____

2. Insert the words in parentheses into the appropriate places within the sentences, and then give the English equivalents. (Note: the tone of _bù_ should be changed where necessary.)

1. Tāmen hěn máng. (yě)

_____

2. Sūn Lǎoshī yě gāoxìng ma? (hěn)

_____

3. Tā yě xìng Lǐ. (bù)

_____

4. Tā jiào Gāo Míng. (bù)

_____

5. Zuótiān hěn lěng ma? (bù)

_____

6. Nǐ bú rènshi tā ma? (yě)

_____

7. Tā máng bù máng? (míngtiān)

_____

8.   Tā bú lèi. (hěn)

_____

9.   Tā jīntiān bù máng ma? (xiàwǔ)

_____

10.   Míngtiān rè bú rè? (ne)

_____

3.   Complete the following conversations.

1.   A: Zǎoshang hǎo!

       B: _____.

2.   A: Nǐ hǎo!

       B: _____.

3.   A: Nǐ jīntiān máng ma?

       B: _____.

4.   A: Nǐ lèi bú lèi?

       B: _____.

5.   A: Nǐ míngtiān xiàwǔ máng bù máng?

       B: _____.

6.   A: Zuótiān rè bú rè?

       B: _____.

7.   A: Nín rènshi Gāo Xiānsheng ma?

       B: _____.

8.   A: Tā gāo bù gāoxìng?

       B: _____.

9. A: Wǎn ān!

   B: _____.

10. A: Míngtiān jiàn!

    B: _____.

4. **Complete the following conversations with the words given in parentheses, or according to the context of the conversation where hints are not provided.**

1. A: Nǐ jīntiān lèi bú lèi?
   B: _____. (lèi) _____? (ne)
   A: Wǒ _____. (yě)

2. A: Nín jīntiān máng ma?
   B: _____. (bù) _____? (ne)
   A: Wǒ _____. (yě)

3. A: Zuótiān _____ ma?
   B: Zuótiān hěn rè.
   A: Míngtiān ne?
   B: _____. (yě)

4. A: Nǐ _____ tā ma?
   B: Wǒ bú rènshi tā. Tā _____ shénme?
   A: Tā xìng Zhāng.
   B: Tā _____?
   A: Tā jiào Wén Yuè.

5. **Give the Chinese equivalents for the following sentences.**

1. They are very busy.

   _____

2. I am not hungry.

   _____

3. Are you [plural] very tired?

   _____

4. Mr. Gao is also busy tomorrow afternoon.

_____

5. He is not happy either.

_____

6. Isn't she tall?

_____

7. Aren't you hungry?

_____

8. Do you also know them?

_____

9. His last name is not Wang. His last name is Huang.

_____

10. Yesterday was not cold; today is not cold either.

_____

6. **Create situational dialogues.**

Use different phrases to greet people in Chinese, depending on the time of day.

_____

_____

_____

_____

Unit **2.1**

Exercises

 1. **Listen to the audio and read the following conversations out loud. Then give the English equivalents.**

1. A: Nín shì . . .?

    B: Wǒ shì gōngsī de jīnglǐ. Wǒ jiào Lǐ Qiáng. Nín guì xìng?

    A: Wǒ xìng Jiāng. Wǒ jiào Jiāng Wénxìn.

    _____

    _____

    _____

2. A: Tā shì wǒmen gōngsī de Xiè Lǜshī ma?

    B: Tā bú shì, nèi wèi shì.

    _____

    _____

3. A: Xǔ Lǜshī shì bú shì Běijīngrén?

    B: Bú shì, tā shì Nánjīngrén.

    _____

    _____

4. A: Shǐ Xiānsheng, nín hǎo! Huānyíng nín lái Zhōngguó. Welcome to China.

    B: Xièxie, hěn gāoxìng jiàndào nín, Liú Jīnglǐ.

    A: Nín de Zhōngwén hěn hǎo.

    B: Xièxie. Nín de Yīngwén yě hěn hǎo.

    A: Nǎli, nǎli.

    _____

    _____

_____

_____

_____

2. Complete the following conversations using either Chinese characters or pinyin.

1.　A:　马先生是 _____?　　Mǎ Xiānsheng shì _____?

　　B:　是，我是北京人。_____呢?　　Shì, wǒ shì Běijīngrén. _____ne?

　　A:　我也 _____ 人。　Wǒ yě _____ rén.

2.　A:　这位是白先生。　Zhè wèi shì Bái Xiānsheng.

　　B:　白先生，_____! 很高兴 _____。

　　　　Bái Xiānsheng, _____! Hěn gāoxìng _____.

　　A:　您好，我也 _____。　Nín hǎo, wǒ yě _____.

3.　A:　那位 _____?　Nà wèi _____?

　　B:　是，那是我太太。　Shì, nà shì wǒ tàitai.

　　A:　她 _____?　Tā _____?

　　B:　她叫李文美。　Tā jiào Lǐ Wénměi.

4.　A:　这 _____ 是我们美国公司的经理，_____。

　　　　Zhè _____ shì wǒmen Měiguó gōngsī de jīnglǐ, _____.

　　B:　白先生，欢迎您 _____ 中国。　Bái Xiānsheng, huānyíng nín _____ Zhōngguó.

5.　A:　您是中国人吗?　Nín shì Zhōngguórén ma?

　　B:　是，_____，您呢?　Shì, _____, nín ne?

　　A:　我是 _____。　Wǒ shì _____.

6.　A:　这是你 _____ 小说吗?　Zhè shì nǐ _____ xiǎoshuō ma?

　　B:　是，这是我的。Shì, zhè shì wǒ de.

　　A:　是很好的小说吗?　Shì hěn hǎo de xiǎoshuō ma?

　　B:　_____。 _____.

7.   A: 你的英文很好。 Nǐ de Yīngwén hěn hǎo.

     B: _____。 _____.

8.   A: _____? _____?

     B: 是，他是我们公司的经理。 Shì, tā shì wǒmen gōngsī de jīnglǐ.

     A: _____? _____?

     B: 他姓王。 Tā xìng Wáng.

     A: _____? _____?

     B: 他叫王海明。 Tā jiào Wáng Hǎimíng.

9.   A: _____? _____?

     B: 是，我是会计师。 Shì, wǒ shì kuàijìshī.

     A: 林先生也是会计师吗? Lín Xiānsheng yě shì kuàijìshī ma?

     B: 不是，_____。 Bú shì, _____.

10. A: _____? _____?

     B: 我今天很忙。 Wǒ jīntiān hěn máng.

     A: 明天呢? Míngtiān ne?

     B: _____。 _____.

3. **Rearrange the words in parentheses to make meaningful sentences, and then give the English equivalents.**

Example:

这 (a. 的 b. 你 c. 是) 书吗?

这是你的书吗? <u>Is this your book?</u>

Zhè (a. de b. nǐ c. shì) shū ma?

<u>Zhè shì nǐ de shū ma? Is this your book?</u>

1.   这 (a. 的 b. 他 c. 是) 字典吗?

     Zhè (a. de b. tā c. shì) zìdiǎn ma?

     _____

2. 那 (a. 杂志　b. 是　c. 什么)?

Nà (a. zázhì　b. shì　c. shénme)?

_____

3. 她 (a. 是　b. 也　c. 不) 上海人吗?

Tā (a. shì　b. yě　c. bù) Shànghǎirén ma?

_____

4. 这 (a. 您　b. 是　c. 的) 电脑吗?

Zhè (a. nín　b. shì　c. de) diànnǎo ma?

_____

5. 他 (a. 很　b. 是　c. 的　d. 好) 大夫吗?

Tā (a. hěn　b. shì　c. de　d. hǎo) dàifu ma?

_____

6. 那 (a. 白　b. 是　c. 先生　d. 位　e. 的) 律师吗?

Nà (a. Bái　b. shì　c. xiānsheng　d. wèi　e. de) lǜshī ma?

_____

4. Give the Chinese equivalents for the following sentences.

1. What is his wife's last name?

_____

2. What is your manager's name?

_____

3. Is her husband from Nanjing?

_____

4. Is this your company's car?

_____

5.   Do you know his wife?

_____

6.   He is my colleague, not my classmate.

_____

7.   Mr. Bai is the manager of our company. He is very busy.

_____

8.   He is neither British nor Canadian. He is American.

_____

9.   He is not Japanese. He is Korean.

_____

10. My friend's company is a very large automobile company.

_____

11. Welcome to Shanghai.

_____

12. I saw him yesterday.

_____

13. America is also a very large country.

_____

14. This is our company's lawyer.

_____

15. This is my younger brother.

_____

5. **Read the following conversation and then decide if the following statements are true (T), false (F), or inconclusive based on the information given (I).**

A: Zhè wèi shì wǒmen Měiguó gōngsī de lǜshī, Huáng Xiānsheng.

B: Huáng Xiānsheng, nín hǎo, huānyíng nín lái Tiānjīn.

A: Hěn gāoxìng jiàndào nǐmen.

B: Wǒ yě hěn gāoxìng jiàndào nǐ. Nǐ de Zhōngwén hěn hǎo.

A: Nǎli, Nǎli.

1.   ( )   Měiguó gōngsī de lǜshī xìng Wáng.
2.   ( )   Huáng Xiānsheng shì kuàijìshī.
3.   ( )   Huáng Xiānsheng shì Zhōngguórén.
4.   ( )   Huáng Xiānsheng shì Tiānjīnrén.
5.   ( )   Huáng Xiānsheng shì Zhōngguó gōngsī de lǜshī.

6.   **You have just met a new colleague. Introduce your co-workers to him or her, ask where he or she is from and tell him or her where you come from. Then say a few polite expressions.**

_____

_____

_____

_____

Unit **2.2**

Exercises

 1. **Listen to the audio and read the following sentences out loud. Then give the English equivalents.**

1. Qǐng wèn, zhè shì shéi de shū?

   _____

2. Zhè shì wǒ de, nà shì tā de.

   _____

3. Tā shì shénme dìfang rén?

   _____

4. Nǐmen gōngsī de jīnglǐ shì něi guó rén?

   _____

5. Něi wèi shì nǐmen de lǎoshī? Zhè wèi shì.

   _____

6. Nà wèi xiānsheng shì nǐmen gōngsī de kuàijìshī ma? Bù, tā shì wǒmen de lǜshī.

   _____

7. Nǐ huì shuō pǔtōnghuà ma?

   _____

8. Rénshìbù de mìshū huì shuō Rìyǔ ma?

   _____

9. Tā jiǎng de hěn kuài ma? Bù, tā jiǎng de hěn màn.

   _____

10. Shéi zuò Zhōngguócài zuò de hěn hǎo?

    _____

2. Answer the questions using the words given in parentheses.

1. A: 谁会说汉语?　A: Shéi huì shuō Hànyǔ?

   B: _____。（王太太）(Wáng Tàitai)

2. A: 那位先生是谁?　A: Nà wèi xiānsheng shì shéi?

   B: _____。（林大夫）(Lín Dàifu)

3. A: 胡小姐是谁的秘书?　A: Hú Xiǎojie shì shéi de mìshū?

   B: _____。（马律师）(Mǎ Lǜshī)

4. A: 请问，谁是您的秘书?　A: Qǐng wèn, shéi shì nín de mìshū?

   B: _____。（丁小姐）(Dīng Xiǎojie)

5. A: 请问，哪位是公司人事部的经理?

   A: Qǐng wèn, nǎ wèi shì gōngsī rénshìbù de jīnglǐ?

   B: _____。（那位）(Nà wèi)

6. A: 请问，你们公司谁会说英语?

   A: Qǐng wèn, nǐmen gōngsī shéi huì shuō Yīngyǔ?

   B: _____。（江经理）(Jiāng Jīnglǐ)

7. A: 谁是你们公司的会计师?　A: Shéi shì nǐmen gōngsī de kuàijìshī?

   B: _____。（林天）(Lín Tiān)

8. A: 谁的法语说得很好?　A: Shéi de Fǎyǔ shuō de hěn hǎo?

   B: _____。（李经理的太太）(Lǐ Jīnglǐ de tàitai)

3. Change the following sentences into questions by replacing the underlined words with appropriate interrogative pronouns.

Example:

    A: 她认识<u>王经理</u>。 Tā rènshi <u>Wáng Jīnglǐ</u>.

    B: 她认识谁？ Tā rènshi shéi?

1. A: <u>她</u>认识王律师。   A: <u>Tā</u> rènshi Wáng Lǜshī.

    B: _____?

2. A: 他叫<u>黄海</u>。   A: Tā jiào <u>Huáng Hǎi</u>.

    B: _____?

3. A: 她是<u>法国人</u>。   A: Tā shì <u>Fǎguórén</u>.

    B: _____?

4. A: 她是<u>天津人</u>吗？   A: Tā shì <u>Tiānjīnrén</u> ma?

    B: _____?

5. A: 那是<u>他</u>的杂志。   A: Nà shì <u>tā</u> de zázhì.

    B: _____?

6. A: <u>那</u>位是他们的同事。   A: <u>Nèi</u> wèi shì tāmen de tóngshì.

    B: _____?

7. A: 他会说<u>西班牙话</u>。   A: Tā huì shuō <u>Xībānyáhuà</u>.

    B: _____?

8. A: <u>他的太太</u>会德语。   A: <u>Tā de tàitai</u> huì Déyǔ.

    B: _____?

9. A: 林老师的<u>先生</u>的俄语说得很好。

    A: Lín Lǎoshī de <u>xiānsheng</u> de Éyǔ shuō de hěn hǎo.

    B: _____?

4. **Insert the words in parentheses into the appropriate places within the sentences, and then give the English equivalents. (Note: some sentences may need to be restructured.)**

1. 她写得很好。 (汉字) Tā xiě de hěn hǎo. (Hànzì)

   _____

2. 他会说普通话。 (一点儿) Tā huì shuō pǔtōnghuà. (yìdiǎnr)

   _____

3. 他打得很好。 (球) Tā dǎ de hěn hǎo. (qiú)

   _____

4. 他的秘书打得很快。 (字) Tā de mìshū dǎ de hěn kuài. (zì)

   _____

5. 他的太太开得很慢。 (车) Tā de tàitai kāi de hěn màn. (chē)

   _____

6. 他看得很快。 (书) Tā kàn de hěn kuài. (shū)

   _____

7. 他会做菜。 (什么) Tā huì zuò cài. (shénme)

   _____

8. 经理开车吗? (什么) Jīnglǐ kāi chē ma? (shénme)

   _____

5. **Create five sentences using 请问 qǐng wèn (note that 请问 must be followed by a question).**

1. _____

2. _____

3. _____

4. _____

5. _____

6. **Complete the conversations by creating questions that correspond to the given answers.**

1. A: _____?

    B: 我认识他。 Wǒ rènshi tā.

2. A: _____?

    B: 他叫陈文。 Tā jiào Chén Wén.

3. A: _____?

    B: 他是英国人。 Tā shì Yīngguórén.

4. A: _____?

    B: 不会，他不会说上海话。 Bú huì, tā bú huì shuō Shànghǎihuà.

5. A: _____?

    B: 会，他会说普通话。 Huì, tā huì shuō pǔtōnghuà.

6. A: _____?

    B: 说得很好。 Shuō de hěn hǎo.

7. **Give the Chinese equivalents for the following sentences.**

1. This is not my novel. Whose novel is this?

    _____

2. What is that? That is a map of Beijing.

    _____

3. Who is he? He is Mr. Zhang, I suppose.

    _____

4. Who is this company's accountant?

    _____

5. What foreign languages can you speak?

    _____

6. He walks very quickly.

    _____

7. He eats a lot.

    _____

8. He is not French, is he?

    _____

9. He can also speak a little bit of German.

    _____

10. He teaches well.

    _____

11. Who is the manager of the Human Resources Department?

    _____

12. Can the manager of your company speak Chinese?

    _____

13. Our secretary's given name is Jane. She is from Beijing. She speaks English very well. She also types very fast.

    _____

Unit **3.1**

Exercises

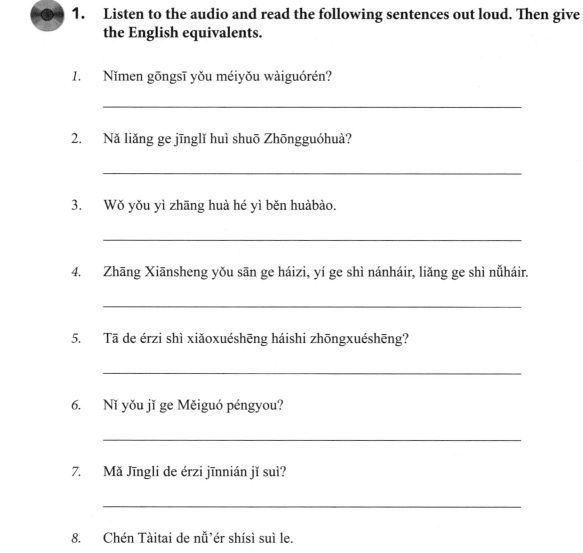

1. Listen to the audio and read the following sentences out loud. Then give the English equivalents.

1. Nǐmen gōngsī yǒu méiyǒu wàiguórén?

_____

2. Nǎ liǎng ge jīnglǐ huì shuō Zhōngguóhuà?

_____

3. Wǒ yǒu yì zhāng huà hé yì běn huàbào.

_____

4. Zhāng Xiānsheng yǒu sān ge háizi, yí ge shì nánháir, liǎng ge shì nǚháir.

_____

5. Tā de érzi shì xiǎoxuéshēng háishi zhōngxuéshēng?

_____

6. Nǐ yǒu jǐ ge Měiguó péngyou?

_____

7. Mǎ Jīngli de érzi jīnnián jǐ suì?

_____

8. Chén Tàitai de nǚ'ér shísì suì le.

_____

9. Nǐmen jīntiān wǎnshang yǒu méiyǒu kòng?

    _____

10. Tāmen yǐjīng zǒu le ma?

    _____

11. Nǐ míngtiān xiàwǔ huì lái gōngsī ma?

    _____

12. Tā zuótiān zǎoshang méiyǒu qù xuéxiào ma?

    _____

2. Insert the words in parentheses into the appropriate places within the sentences, and then give the English equivalents. (Note: some sentences may need to be restructured.)

1. 我结婚了。（已经）   Wǒ jié hūn le. (yǐjīng)

    _____

2. 他的儿子几岁？（了）   Tā de érzi jǐ suì? (le)

    _____

3. 他们来中国吗？（会）   Tāmen lái Zhōngguó ma? (huì)

    _____

4. 我们会到美国去。（明年）   Wǒmen huì dào Měiguó qù. (míngnián)

    _____

5. 我很累。（昨天）   Wǒ hěn lèi. (zuótiān)

    _____

6. 她明天会很忙。（下午）   Tā míngtiān huì hěn máng. (xiàwǔ)

    _____

7. 他们有孩子吗？（没有）   Tāmen yǒu háizi ma? (méiyǒu)

    _____

8. 他的儿子是学生。 （中） Tā de érzi shì xuésheng. (zhōng)

    _____

9. 他们的女儿上学了。 （小） Tāmen de nǚ'ér shàng xué le. (xiǎo)

    _____

10. 我今天早上见到他了。 （没有） Wǒ jīntiān zǎoshang jiàndào tā le. (méiyǒu)

    _____

3. **Give pinyin and the English equivalents for the following phrases.**

1. 一个人 _____
2. 两杯咖啡 _____
3. 三本书 _____
4. 四张纸 _____
5. 五支笔 _____
6. 六位老师 _____
7. 几个人 _____
8. 你们几位 _____

4. **Fill in the blanks with the proper measure words.**

1. 我有一 ____ 日文小说。 Wǒ yǒu yì _____ Rìwén xiǎoshuō.
2. 我没有书，有三 ____ 杂志。 Wǒ méiyǒu shū, yǒu sān _____ zázhì.
3. 他们没有儿子，有两 ____ 女儿。 Tāmen méiyǒu érzi, yǒu liǎng _____ nǚ'ér.
4. 我们公司有四 ____ 经理。 Wǒmen gōngsī yǒu sì _____ jīnglǐ.
5. 那两 ____ 笔是你的吗? Nà liǎng _____ bǐ shì nǐ de ma?
6. 这 ____ 是王律师。 Zhè _____ shì Wáng Lùshī.
7. 那 ____ 人是谁? Nà _____ rén shì shéi?
8. 这 ____ 茶是谁的? Zhèi _____ chá shì shéi de?
9. 那 ____ 字典是你的吗? Nà _____ zìdiǎn shì nǐ de ma?
10. 这 ____ 地图是我的同事的。 Zhè _____ dìtú shì wǒ de tóngshì de.

5. Use 还是 háishi to make choice-type questions that correspond to the given answers.

Example:

    A: 你是学生还是老师? Nǐ shì xuésheng háishi lǎoshī?

    B: 我是学生。 Wǒ shì xuésheng.

1. A: _____?

    B: 我不来。 Wǒ bù lái.

2. A: _____?

    B: 他明天到。 Tā míngtiān dào.

3. A: _____?

    B: 我会说英语。 Wǒ huì shuō Yīngyǔ.

4. A: _____?

    B: 白先生的儿子是中学生。 Bái Xiānsheng de érzi shì zhōngxuéshēng.

5. A: _____?

    B: 我买杂志。 Wǒ mǎi zázhì.

6. A: _____?

    B: 我学中文。 Wǒ xué Zhōngwén.

6. Complete the conversations by creating questions that correspond to the given answers.

Example:

    A: 您忙不忙? Nín máng bù máng?

    B: 我很忙。 Wǒ hěn máng.

1. A: _____?

    B: 我没有孩子。 Wǒ méiyǒu háizi.

2. A: _____?

    B: 高先生有三个男孩子。 Gāo Xiānsheng yǒu sān ge nánháizi.

3. A: _____?

   B: 他的女儿是小学生。Tā de nǚ'ér shì xiǎoxuéshēng.

4. A: _____?

   B: 他的儿子四岁了。Tā de érzi sì suì le.

5. A: _____?

   B: 明天会很冷。Míngtiān huì hěn lěng.

6. A: _____?

   B: 我明年不去中国。Wǒ míngnián bú qù Zhōngguó.

7. A: _____?

   B: 他们会结婚。Tāmen huì jié hūn.

8. A: _____?

   B: 我明天没有事。Wǒ míngtiān méiyǒu shì.

9. A: _____?

   B: 他今天晚上也有空。Tā jīntiān wǎnshang yě yǒu kòng.

10. A: _____?

   B: 他不会说上海话。Tā bú huì shuō Shànghǎihuà.

7. **Give the Chinese equivalents for the following sentences.**

1. *Does your manager have any daughters?*

   _____

2. *The lawyer will not leave tomorrow.*

   _____

3. *My son will go to France next year.*

   _____

4. *Do you speak English or Chinese?*

   _____

5. *He does not have any money.*

_____

6. *Is his last name "Huang" or "Wang"?*

_____

7. *Is your older brother married?*

_____

8. *Will they come to China next year?*

_____

9. *How many children do you have?*

_____

10. *Will you come today or tomorrow?*

_____

11. *He has a daughter. He does not have any sons.*

_____

12. *Is she your older sister's or your younger sister's daughter?*

_____

13. *I didn't see him last night.*

_____

14. *They're getting married next year.*

_____

15. *I will not come to the office tomorrow afternoon.*

_____

8. Using the vocabulary that you have already learned, try to figure out the meaning of the following words. Match each Chinese word on the left with its English equivalent on the right.

( ) 1.　上网 shàngwǎng　　　　　　　　boyfriend

( ) 2.　做中国菜 zuò Zhōngguócài　　　　perfume

( ) 3.　香水 xiāngshuǐ　　　　　　　　to make Chinese food

( ) 4.　男朋友 nánpéngyou　　　　　　girlfriend

( ) 5.　你们几位? Nǐmen jǐ wèi?　　　　to connect to the Internet

( ) 6.　女朋友 nǔpéngyou　　　　　　How many in your party?

9. Discuss your own or a friend's marital status and say how many children you have, their ages, and their grade levels in school.

_____

_____

_____

_____

Unit **3.2**

Exercises

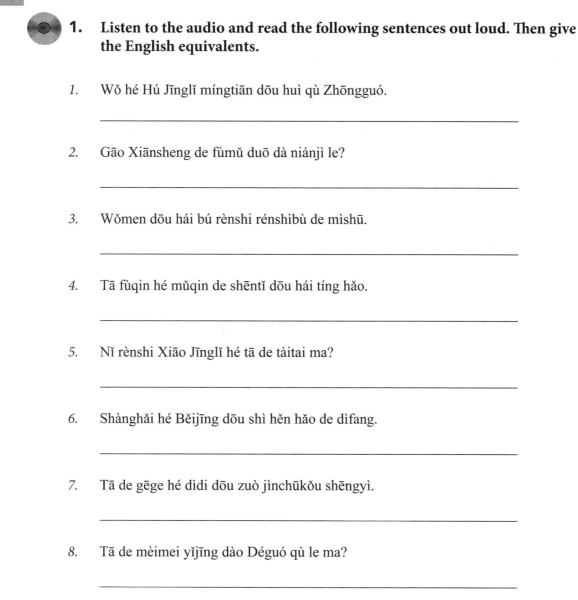

1. Listen to the audio and read the following sentences out loud. Then give the English equivalents.

1.   Wǒ hé Hú Jīnglǐ míngtiān dōu huì qù Zhōngguó.

_____

2.   Gāo Xiānsheng de fùmǔ duō dà niánjì le?

_____

3.   Wǒmen dōu hái bú rènshi rénshìbù de mìshū.

_____

4.   Tā fùqin hé mǔqin de shēntǐ dōu hái tíng hǎo.

_____

5.   Nǐ rènshi Xiāo Jīnglǐ hé tā de tàitai ma?

_____

6.   Shànghǎi hé Běijīng dōu shì hěn hǎo de dìfang.

_____

7.   Tā de gēge hé dìdi dōu zuò jìnchūkǒu shēngyì.

_____

8.   Tā de mèimei yǐjīng dào Déguó qù le ma?

_____

9. Nǐ huì zuò jìnkǒu shēngyì háishi chūkǒu shēngyì?

    _____

10. Nǐ míngtiān wǎnshang yǒu méiyǒu shíjiān?

    _____

2. **Complete the following sentences by filling in the blanks with appropriate words.**

1. 我的父母年 ____ 都很大了，他们不 ____ 作。

    Wǒ de fùmǔ nián _____ dōu hěn dà le, tāmen bù _____ zuò.

2. 我父亲是贸易 ____ 司的经理.

    Wǒ fùqin shì màoyì _____ sī de jīnglǐ.

3. 我母亲六十七 ____，她 ____ 经退 ____ 了。

    Wǒ mǔqin liùshíqī _____, tā _____ jīng tuì ____ le.

4. 你有 ____ 弟姐 ____ 吗?

    Nǐ yǒu _____ dì jiě _____ ma?

5. 我的妹妹是学 ____，她 ____ 中学。

    Wǒ de mèimèi shì xué _____, tā _____ zhōngxué.

6. 我哥哥 ____ 弟弟都做 ____ 意。

    Wǒ gēge _____ dìdi dōu zuò _____ yì.

7. 他们做 _____ 生意?

    Tāmen zuò _____ shēngyì?

8. 他做进 ____ 还是 ____ 口贸易?

    Tā zuò jìn _____ háishì_____ kǒu màoyì?

9. 我姐姐二 ＿＿＿＿ 三岁了。

Wǒ jiějie èr ＿＿＿＿＿＿ sān suì le.

10. 他的女儿 ＿＿＿＿ 很小。

Tā de nǚ'ér ＿＿＿＿＿＿ hěn xiǎo.

3. Complete the following conversation.

A: 你有没有 ＿＿＿＿＿＿？ Nǐ yǒu méiyǒu＿＿＿＿＿？

B: 我有一个哥哥，一个弟弟。 Wǒ yǒu yí ge gēge, yí ge dìdi.

A: 你哥哥 ＿＿＿＿＿＿ 吗？ Nǐ gēge＿＿＿＿＿ ma?

B: 他工作了。 Tā gōngzuò le.

A: 他做 ＿＿＿＿＿＿？ Tā zuò＿＿＿＿＿？

B: 他是律师。 Tā shì lǜshī.

A: 你弟弟也 ＿＿＿＿＿＿ 吗？ Nǐ dìdi yě＿＿＿＿＿？

B: 不，他还是 ＿＿＿＿＿＿。 Bù, tā hái shì＿＿＿＿＿.

A: 他学 ＿＿＿＿＿＿？ Tā xué＿＿＿＿＿？

B: 他学电脑。 Tā xué diànnǎo.

4. Give the Chinese equivalents for the following sentences.

1. *I am very busy and also very tired.*

＿＿＿＿＿＿＿＿＿＿＿＿＿＿＿＿＿＿＿＿＿＿＿＿＿＿＿＿＿＿＿＿

2. *We will all go to China next year.*

＿＿＿＿＿＿＿＿＿＿＿＿＿＿＿＿＿＿＿＿＿＿＿＿＿＿＿＿＿＿＿＿

3. *Both my older brother and younger sister are doing business.*

＿＿＿＿＿＿＿＿＿＿＿＿＿＿＿＿＿＿＿＿＿＿＿＿＿＿＿＿＿＿＿＿

4. *Manager Lin's mother has already retired.*

＿＿＿＿＿＿＿＿＿＿＿＿＿＿＿＿＿＿＿＿＿＿＿＿＿＿＿＿＿＿＿＿

5. *Do you have brothers and sisters?*

＿＿＿＿＿＿＿＿＿＿＿＿＿＿＿＿＿＿＿＿＿＿＿＿＿＿＿＿＿＿＿＿

6. *What will you do tonight?*

_____

7. *Is your father still working?*

_____

8. *Has he arrived already?*

_____

9. *How old is your older sister? (Assume she is in her sixties.)*

_____

10. *Both Mr. Gao and his wife are my good friends.*

_____

11. *Both today and tomorrow will not be very hot.*

_____

12. *How old are your son and daughter? My daughter is twelve years old and my son is nine years old.*

_____

5. **Write a short paragraph introducing a few members of your extended family. Include their names, ages, professions, and their relationship to you.**

_____

_____

_____

_____

Unit **4.1**

Exercises

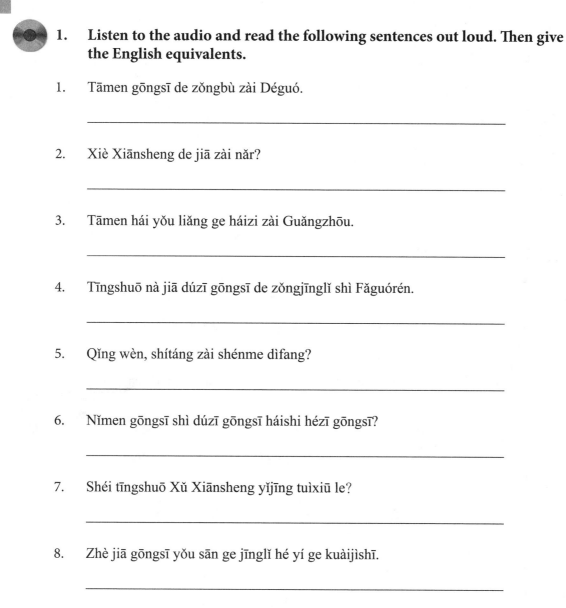

1. **Listen to the audio and read the following sentences out loud. Then give the English equivalents.**

   1. Tāmen gōngsī de zǒngbù zài Déguó.

      _____

   2. Xiè Xiānsheng de jiā zài nǎr?

      _____

   3. Tāmen hái yǒu liǎng ge háizi zài Guǎngzhōu.

      _____

   4. Tīngshuō nà jiā dúzī gōngsī de zǒngjīnglǐ shì Fǎguórén.

      _____

   5. Qǐng wèn, shítáng zài shénme dìfang?

      _____

   6. Nǐmen gōngsī shì dúzī gōngsī háishi hézī gōngsī?

      _____

   7. Shéi tīngshuō Xǔ Xiānsheng yǐjīng tuìxiū le?

      _____

   8. Zhè jiā gōngsī yǒu sān ge jīnglǐ hé yí ge kuàijìshī.

      _____

9. Tīngshuō nà jiā dúzī gōngsī zài Zhōngguó hái yǒu sì jiā fēngōngsī.

    _____

10. Zǒngjīnglǐ de mìshū zài nǎr?

    _____

2. **Complete the following conversations.**

1. A: 他们公司是 _____? Tāmen gōngsī shì _____?

    B: 他们公司是一家电脑公司。

    Tāmen gōngsī shì yì jiā diànnǎo gōngsī.

    A: 是独资公司还是 _____ 公司？

    Shì dúzī gōngsī háishi _____ gōngsī?

    B: 是独资公司。 Shì dúzī gōngsī.

2. A: 张经理在家吗? Zhāng Jīnglǐ zài jiā ma?

    B: _____。

    A: 张经理 _____? Zhāng Jīnglǐ _____?

    B: 他在公司。 Tā zài gōngsī.

3. A: 这是 _____ 办公室吗? Zhè shì _____ bàngōngshì ma?

    B: 是，这是李经理的办公室。 Shì, zhè shì Lǐ Jīnglǐ de bàngōngshì.

    A: 李经理在 _____? Lǐ Jīnglǐ zài _____?

    B: 不在，他在总经理的办公室。 Bú zài, tā zài zǒngjīnglǐ de bàngōngshì.

4   A: 请问，_____? Qǐng wèn, _____?

    B: 我们公司的总部在上海。 Wǒmen gōngsī de zǒngbú zài Shànghǎi.

    A: 你们在中国 _____? Nǐmen zài Zhōngguó _____?

    B: 有，我们在中国有分公司。 Yǒu, wǒmen zài Zhōngguó yǒu fēngōngsī.

    A: _____?

    B: 有两家。 Yǒu liǎng jiā.

    A: 这两家分公司 _____? Zhè liǎng jiā fēngōngsī _____?

    B: 一家在北京，_____ 广州。 Yì jiā zài Běijīng, _____ Guǎngzhōu.

3. **Insert the words in parentheses into the appropriate places within the sentences, and then give the English equivalents.**

1. 这是一家合资公司。 (中日)
   Zhè shì yì jiā hézī gōngsī. (Zhōng-Rì)

   _____

2. 他们的公司是独资公司。 (一家)
   Tāmen de gōngsī shì dúzī gōngsī. (yì jiā)

   _____

3. 他有两个妹妹。 (还)
   Tā yǒu liǎng ge mèimei. (hái)

   _____

4. 他在美国。 (不)
   Tā zài Měiguó. (bù)

   _____

5. 她和她弟弟在英国工作。 (都)
   Tā hé tā dìdi zài Yīngguó gōngzuò. (dōu)

   _____

6. 他们公司有很多分公司。 (听说)
   Tāmen gōngsī yǒu hěn duō fēngōngsī. (tīngshuō)

   _____

4. **Change the following sentences into questions by replacing the underlined words with appropriate interrogative pronouns such as "who," "what," "where" and "how many."**

1. 他认识<u>李太太</u>。 Tā rènshi <u>Lǐ Tàitai</u>.

   _____?

2. <u>孙小姐</u>是人事部的经理。 <u>Sūn Xiǎojie</u> shì rénshìbù de jīnglǐ.

   _____?

3. 他哥哥做<u>进口</u>贸易。 Tā gēge zuò <u>jìnkǒu</u> màoyì.

_____?

4. 我们在美国有<u>两</u>家分公司。 Wǒmen zài Měiguó yǒu <u>liǎng</u> jiā fēngōngsī.

_____?

5. 王先生在<u>公司的食堂</u>。 Wáng Xiānsheng zài <u>gōngsī de shítáng</u>.

_____?

6. 他们做<u>生意</u>。 Tāmen zuò <u>shēngyì</u>.

_____?

7. 她的妹妹会去<u>法国</u>。 Tā de mèimei huì qù <u>Fǎguó</u>.

_____?

8. 这杯咖啡是<u>李总</u>的。 Zhè bēi kāfēi shì <u>Lǐ Zǒng</u> de.

_____?

9. 他妹妹的女儿<u>八</u>岁了。 Tā mèimei de nǚ'ér <u>bā</u> suì le.

_____?

10. 他的<u>母亲</u>七十六岁。 Tā de <u>mǔqin</u> qīshíliù suì.

_____?

5. Give the Chinese equivalents for the following sentences.

1. Where is the park?

_____

2. My parents are still in America.

_____

3. Where is your company headquarters?

_____

4. The general manager is not at the company's cafeteria.

_____

5. What other foreign languages can your secretary speak?

_____

6. I heard that your company is a wholly owned foreign enterprise (WOFE).

_____

7. Is your company a joint venture (JV) or a wholly owned foreign enterprise (WOFE)?

_____

8. Do you still have time?

_____

9. How many branch offices does your company have?

_____

10. Does your company have many branch offices in China?

_____

6. **Write a short paragraph introducing a company or your company, including where the company is located, what type of company it is, and whether or not it has branch offices in China.**

_____

_____

_____

_____

Unit **4.2**

Exercises

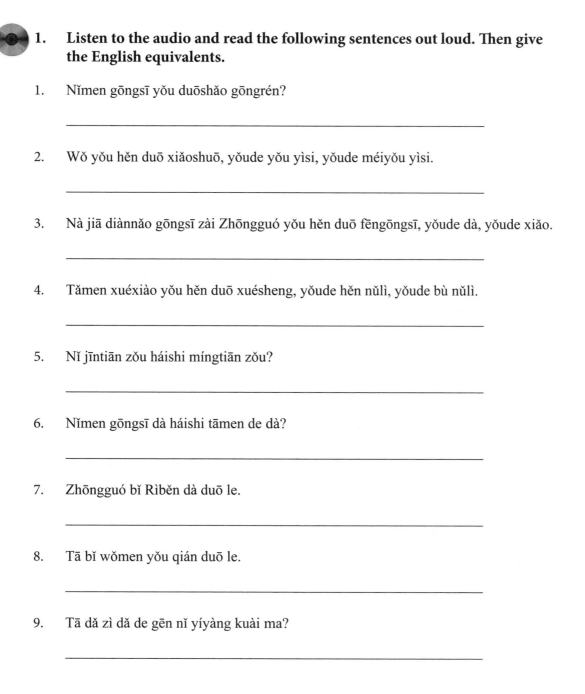

1. Listen to the audio and read the following sentences out loud. Then give the English equivalents.

1. Nǐmen gōngsī yǒu duōshǎo gōngrén?

    _____

2. Wǒ yǒu hěn duō xiǎoshuō, yǒude yǒu yìsi, yǒude méiyǒu yìsi.

    _____

3. Nà jiā diànnǎo gōngsī zài Zhōngguó yǒu hěn duō fēngōngsī, yǒude dà, yǒude xiǎo.

    _____

4. Tāmen xuéxiào yǒu hěn duō xuésheng, yǒude hěn nǔlì, yǒude bù nǔlì.

    _____

5. Nǐ jīntiān zǒu háishi míngtiān zǒu?

    _____

6. Nǐmen gōngsī dà háishi tāmen de dà?

    _____

7. Zhōngguó bǐ Rìběn dà duō le.

    _____

8. Tā bǐ wǒmen yǒu qián duō le.

    _____

9. Tā dǎ zì dǎ de gēn nǐ yíyàng kuài ma?

    _____

10. Chūkǒu shēngyì gēn jìnkǒu shēngyì bù yíyàng ba.

_____

11. Tā de Hànyǔ shuō de bǐ wǒ hǎo de duō.

_____

12. Tā gēn nǐ yíyàng dà ma?

_____

**2. Insert the words in parentheses into the appropriate places within the
sentences, and then give the English equivalents.**

1. 我爸爸比我妈妈大。   (两岁)
    Wǒ bàba bǐ wǒ māma dà.   (liǎng suì)

_____

2. 明天会跟今天一样吗?   (热)
    Míngtiān huì gēn jīntiān yíyàng ma?   (rè)

_____

3. 他比我小。 (一点儿)   Tā bǐ wǒ xiǎo. (yìdiǎnr)

_____

4. 他比我们有钱。   (多了)   Tā bǐ wǒmen yǒu qián. (duō le)

_____

5. 多少人在公司? (还有)   Duōshao rén zài gōngsī ? (hái yǒu)

_____

6. 这家合资公司有两百个人。   (差不多)
    Zhè jiā hézī gōngsī yǒu liǎngbǎi ge rén.   (chàbuduō)

_____

7. 他们是我们公司的工人。　　(都)

Tāmen shì wǒmen gōngsī de gōngrén.　　(dōu)

_____

8. 这本小说跟那本一样。　　(有意思)

Zhè běn xiǎoshuō gēn nà běn yíyàng.　　(yǒu yìsi)

_____

9. 他们公司的经理比我们的少。　　(五个人)

Tāmen gōngsī de jīnglǐ bǐ wǒmen de shǎo.　　(wǔ ge rén)

_____

10. 他跟总经理的年纪一样大。　　(差不多)

Tā gēn zǒngjīnglǐ de niánjì yíyàng dà.　　(chàbuduō)

_____

3.　**Complete the following conversations.**

1.　A: 中国有很多外国公司吗? Zhōngguó yǒu hěn duō wàiguó gōngsī ma?

　　B: _____。(有) (yǒu)

　　A: 独资公司还是 _____? Dúzī gōngsī háishi _____?

　　B: 有的是 _____，有的是 _____。

　　　Yǒude shì _____, yǒude shì _____.

2.　A: 你弟弟跟你 _____ 吗? Nǐ dìdi gēn nǐ _____ ma?

　　B: 不，我们不 _____ 高。 Bù, wǒmen bù _____ gāo.

3.　A: 你高还是 _____ 呢? Nǐ gāo háishi _____ ne?

　　B: 我弟弟比我高一点儿。 Wǒ dìdi bǐ wǒ gāo yìdiǎnr.

4.　A: 你们公司有 _____ 工人?

　　　Nǐmen gōngsī yǒu _____ gōngrén?

　　B: 差不多有两百五十人。 Chàbuduō yǒu liǎngbǎi wǔshí rén.

5. A: 工人都很 _____ 吗？ Gōngrén dōu hěn _____ ma?

   B: 有的很努力，有的 _____ 。

   Yǒude hěn nǔlì, yǒude _____ .

4. **Rewrite the following sentences either using the "比" or "X 跟 Y 一样 + (Adj)" pattern.**

Example:

我哥哥三十二岁，我二十七岁。 Wǒ gēge sānshí'èr suì, wǒ èrshíqī suì.

→ <u>我哥哥比我大五岁。</u> Wǒ gēge bǐ wǒ dà wǔ suì.

这本杂志很贵，那本杂志也很贵。

Zhè běn zázhì hěn guì, nà běn zázhì yě hěn guì.

→ <u>这本杂志跟那本杂志一样贵。</u> Zhè běn zázhì gēn nà běn zázhì yíyàng guì.

1. 我四十二岁，李总四十六岁。

   Wǒ sìshí'èr suì, Lǐ Zǒng sìshíliù suì.

   _____.

2. 我们公司有四百个人，他们的公司有三百八十个人。

   Wǒmen gōngsī yǒu sìbǎi ge rén, tāmen de gōngsī yǒu sānbǎi bāshí ge rén.

   _____.

3. 他父亲六十岁，我父亲也是六十岁。

   Tā fùqin liùshí suì, wǒ fùqin yě shì liùshí suì.

   _____.

4. 他的弟弟很高，他的妹妹不高。

   Tā de dìdi hěn gāo, tā de mèimei bù gāo.

   _____.

5. 总公司有两千个工人，分公司有七百个工人。

   Zǒnggōngsī yǒu liǎngqiān ge gōngrén, fēngōngsī yǒu qībǎi ge gōngrén.

   _____.

5. **Give the Chinese equivalents for the following sentences.**

1. How much is this painting?

   _____

2. How many accountants are there in your company? (Assume the answer is fewer than ten.)

   _____

3. What is the population of China?

   _____

4. This library has many books. Some are Chinese; some are English.

   _____

5. There are many workers in this company. Some are Chinese; some are foreigners.

   _____

6. He speaks Chinese better than I do.

   _____

7. He drives a Japanese car. Are Japanese cars better than American cars?

   _____

8. These two companies are not the same size.

   _____

9. This company has 30 more people than that company.

   _____

10. My younger sister is a bit taller than I am.

    _____

6. Write a paragraph comparing two companies with respect to the following characteristics: number of employees, nationalities represented, quality of the employees, and status of the company as a whole.

_____

_____

_____

_____

Unit **5.1**

Exercises

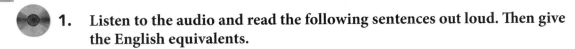 **1.** **Listen to the audio and read the following sentences out loud. Then give the English equivalents.**

1. 马经理明年会回美国吗?

   Mǎ Jīnglǐ míngnián huì huí Měiguó ma?

   _____

2. 秘书已经回家了吗?

   Mìshū yǐjīng huí jiā le ma?

   _____

3. 我的儿子还太小, 不能开车。

   Wǒ de érzi hái tài xiǎo, bù néng kāi chē.

   _____

4. 他们的孩子都能说汉语和写汉字吗?

   Tāmen de háizi dōu néng shuō Hànyǔ hé xiě Hànzì ma?

   _____

5. 这儿可以吸烟吗?

   Zhèr kěyǐ xī yān ma?

   _____

6. 车站离我家不太远。

Chēzhàn lí wǒ jiā bú tài yuǎn.

_____

7. 公司离我的公寓差不多只有两公里。

Gōngsī lí wǒ de gōngyù chàbuduō zhǐ yǒu liǎng gōnglǐ.

_____

8. 我们可不可以请林经理到我们公司来?

Wǒmen kě bù kěyǐ qǐng Lín Jīnglǐ dào wǒmen gōngsī lái?

_____

9. 他们已经离开北京了吗?

Tāmen yǐjīng líkāi Běijīng le ma?

_____

10. 中关村离这儿很近吗?

Zhōngguāncūn lí zhèr hěn jìn ma?

_____

2. **Complete the following sentences by choosing the most appropriate option.**

1. 白先生今天回 _____ 吗?   Bái Xiānsheng jīntiān huí _____ ma?

(a) 来 lái   (b) 在 zài   (c) 到 dào

2. 马先生今天 _____ 家吗?   Mǎ Xiānsheng jīntiān _____ jiā ma?

(a) 回 huí   (b) 去 qù   (c) 来 lái

3. 对不起,我先生不 _____ 家。 Duìbuqǐ, wǒ xiānsheng bù _____ jiā.

(a) 在   (b) 去   (c) 来

4. 张先生到中国 _____ 了吗?   Zhāng Xiānsheng dào Zhōngguó _____ le ma?

(a) 在   (b) 去   (c) 回

5. 你的公司 _____ 哪儿? Nǐ de gōngsī _____ nǎr?

   (a) 到   (b) 去   (c) 在

6. 你明天到他那儿 _____ 吗? Nǐ míngtiān dào tā nàr _____ ma?

   (a) 回   (b) 去   (c) 到

7. 我今天下午不会 _____ 公司来。 Wǒ jīntiān xiàwǔ bú huì _____ gōngsī lái.

   (a) 到   (b) 去   (c) 在

8. 王先生 _____ 公司去了。 Wáng Xiānsheng _____ gōngsī qù le.

   (a) 来   (b) 回   (c) 在

9. 李小姐上午 _____ 王先生家去了。 Lǐ Xiǎojie shàngwǔ _____ Wáng Xiānsheng jiā qù le.

   (a) 来   (b) 到   (c) 在

10. 你弟弟 _____ 国了吗? Nǐ dìdi _____ guó le ma?

   (a) 来   (b) 回   (c) 到

3. **Complete the following conversations.**

1. A: 王律师在哪儿? Wáng Lùshī zài nǎr?

    B: _____。 (分公司) (fēngōngsī)

    A: 他今天下午 _____? Tā jīntiān xiàwǔ _____?

    B: 他下午不会回公司来。 Tā xiàwǔ bú huì huí gōngsī lái.

2. A: 他 _____吗? (家) Tā _____ ma? (jiā)

    B: 不在。 Bú zài.

    A: 他 _____?

    B: 他去银行了。 Tā qù yínháng le.

3. A: 你家在 _____? Nǐ jiā zài _____?

    B: 在中关村。 Zài Zhōngguāncūn.

    A: 中关村离天安门 _____? Zhōngguāncūn lí Tiān'ānmén _____?

    B: 很远。 Hěn yuǎn.

4. A: 电脑城离这儿 _____ ?   Diànnǎochéng lí zhèr _____ ?

    B: 不太远。 Bú tài yuǎn.

    A: 有 _____ 公里?   Yǒu _____ gōnglǐ?

    B: 差不多三公里。 Chàbuduō sān gōnglǐ.

5. A: 十五岁的孩子 _____ 吸烟吗?   Shíwǔ suì de háizi _____ xī yān ma?

    B: 不 _____。 Bù _____ .

6. A: 你明天下午能来上班吗?   Nǐ míngtiān xiàwǔ néng lái shàng bān ma?

    B: 明天早上很忙, 不 ____ 来, 明天下午不忙, ____ 来上班。

     Míngtiān zǎoshang hěn máng, bù _____ lái, míngtiān xiàwǔ bù máng, _____ lái shàng bān.

4. Complete the following sentences by choosing the best option from among 会 huì, 能 néng, or 可以 kěyǐ. (Note: some sentences may have more than one choice.) Then give the English equivalents.

1. 明天 _____ 很冷吗?

   Míngtiān _____ hěn lěng ma?

   _____

2. 我 _____ 进来吗?

   Wǒ _____ jìnlai ma?

   _____

3. 总经理下午很忙, 不 _____ 见你们。

   Zǒngjīnglǐ xiàwǔ hěn máng, bù _____ jiàn nǐmen.

   _____

4. 他还太小, 不 _____ 喝酒。

   Tā hái tài xiǎo, bù _____ hē jiǔ.

   _____

5. 你们公司的美国经理 _____ 说中文吗?

Nǐmen gōngsī de Měiguó jīnglǐ _____ shuō Zhōngwén ma?

_____

6. 他没有钱，不 _____ 买汽车。

Tā méiyǒu qián, bù _____ mǎi qìchē.

_____

7. 李经理下午 _____ 回来吗?

Lǐ Jīnglǐ xiàwǔ _____ huílai ma?

_____

8. 我 _____ 回家吗?

Wǒ _____ huí jiā ma?

_____

9. 我 _____ 去公司找你吗?

Wǒ _____ qù gōngsī zhǎo nǐ ma?

_____

10. 明天马经理 _____ 在公司吗?

Míngtiān Mǎ Jīnglǐ _____ zài gōngsī ma?

_____

5. **Give the Chinese equivalents for the following sentences.**

1. May I come tomorrow?

_____

2. Can he also go?

_____

3. He can drink a lot.

_____

4. Sorry, you are not allowed to smoke here.

     _____

5. It is too late, I cannot come.

     _____

6. Can you come to work tomorrow?

     _____

7. I'm sorry. I'm unable to come to work tomorrow.

     _____

8. I'm not too tired yet.

     _____

9. How far is it from your company to your apartment?

     _____

10. Can President Wang only speak Chinese?

     _____

11. How many kilometers between Beijing and Shanghai?

     _____

12. Where is your apartment?

     _____

6. **Write a paragraph asking where a certain person is right now, where you can find that person, and how far that place is from here.**

_____

_____

_____

_____

Unit **5.2**

Exercises

1. Listen to the audio and read the following sentences out loud. Then give the English equivalents.

1. 听说他不在人事部工作。 Tīngshuō tā bú zài rénshìbù gōngzuò.

   _____

2. 总经理今天也在公司的食堂吃午饭吗?

   Zǒngjīnglǐ jīntiān yě zài gōngsī de shítáng chī wǔfàn ma?

   _____

3. 他们为什么都不在办公室呢?

   Tāmen wèishénme dōu bú zài bàngōngshì ne?

   _____

4. 你今天早上几点起来? Nǐ jīntiān zǎoshang jǐ diǎn qǐlái?

   _____

5. 已经十点了，白先生为什么还没有来上班呢?

   Yǐjīng shí diǎn le, Bái Xiānsheng wèishénme hái méiyǒu lái shàng bān ne?

   _____

6. 听说他的孩子都还没上大学。

   Tīngshuō tā de háizi dōu hái méi shàng dàxué.

   _____

7. 她在东京哪一家银行工作？　Tā zài Dōngjīng nǎ yì jiā yínháng gōngzuò?

_____

8. 他们在巴黎做什么？　Tāmen zài Bālí zuò shénme?

_____

2. **Tell the following times in Chinese.**

1. 1:00 _____

2. 2:20 _____

3. 4:15 _____

4. 6:55 _____

5. 8:45 _____

6. 9:30 a.m. _____

7. 10:10 p.m. _____

8. 11:38 this morning _____

9. 3:15 p.m., tomorrow _____

10. 12:45 p.m., Saturday _____

3. **Complete the following conversations.**

1. A: 一年有几个月？Yì nián yǒu jǐ ge yuè?

   B: _____?

2. A: _____?

   B: 一个月有四个星期。Yí ge yuè yǒu sì ge xīngqī.

3. A: 一个月有多少天？Yí ge yuè yǒu duōshao tiān?

   B: _____?

4. A: _____?

   B: 一天有二十四小时。Yì tiān yǒu èrshísì xiǎoshí.

5. A: 一小时有多少分钟？ Yì xiǎoshí yǒu duōshao fēn zhōng?

    B: _____?

6. A: 现在几点钟？ Xiànzài jǐ diǎn zhōng?

    B: _____?

    A: _____?

    B: 我五点下班。 Wǒ wǔ diǎn xià bān.

7. A: 明天是几月几号？ Míngtiān shì jǐ yuè jǐ hào?

    B: _____?

    A: _____?

    B: 明天是星期六。 Míngtiān shì xīngqīliù.

    A: 你们周末上班吗？ Nǐmen zhōumò shàng bān ma?

    B: _____?

8. A: 下星期日你做什么？ Xià xīngqīrì nǐ zuò shénme?

    B: _____. (打球) (dǎ qiú)

    A: _____?

    B: 我打网球。 Wǒ dǎ wǎngqiú.

    A: _____?

    B: 去公园打。 Wǒ qù gōngyuán dǎ.

9. A: _____?

    B: 是，明天是礼拜六。 Shì, míngtiān shì lǐbàiliù.

    A: 你去买东西吗？ Nǐ qù mǎi dōngxi ma?

    B: 不，_____，我星期六也上班。 Bù, _____, wǒ xīngqīliù yě shàng bān.

10. A: 你在哪儿工作？ Nǐ zài nǎr gōngzuò?

    B: _____?

    A: 你在美国银行做 _____？ Nǐ zài Měiguó Yínháng zuò_____?

    B: 我做会计。 Wǒ zuò kuàijì.

A: 美国银行离你家远不远？ Měiguó Yínháng lí nǐ jiā yuǎn bù yuǎn?

B: _____?

A: 有多远？ Yǒu duō yuǎn?

B: _____. (六公里) (liù gōnglǐ)

4. **Insert the words in parentheses into the appropriate places within the sentences. (Note: some sentences may need to be restructured.)**

1. 我们下班。 (五点) Wǒmen xià bān. (wǔ diǎn)

   _____

2. 我星期三回美国。 (去) Wǒ xīngqīsān huí Měiguó. (qù)

   _____

3. 她在银行工作。 (不) Tā zài yínháng gōngzuò. (bù)

   _____

4. 他吃午饭了吗？ (还没) Tā chī wǔfàn le ma? (hái méi)

   _____

5. 我们周末也休息。 (不) Wǒmen zhōumò yě xiūxi (bù)

   _____

6. 他们九点钟能去银行吗？ (明天)

   Tāmen jiǔ diǎn zhōng néng qù yínháng ma? (míngtiān)

   _____

7. 我星期三见到他了。 (没有) Wǒ xīngqīsān jiàndào tā le. (méiyǒu)

   _____

8. 他昨天没上课。 (为什么) Tā zuótiān méi shàng kè. (wèishénme)

   _____

9. 她明天来公司。 (几点) Tā míngtiān lái gōngsī. (jǐ diǎn)

   _____

10. 你做什么？　（周末）　Nǐ zuò shénme? (zhōumò)

_____

11. 陈经理在吗？　（办公室）　Chén Jīnglǐ zài ma? (bàngōngshì)

_____

12. 他去打球了。　（公园）　Tā qù dǎ qiú le. (gōngyuán)

_____

13. 你在哪儿？　（教书）　Nǐ zài nǎr? (jiāo shū)

_____

14. 你不在公司的餐厅吗？　（吃午饭）　Nǐ bú zài gōngsī de cāntīng. (chī wǔfàn)

_____

15. 现在十点一刻。　（差）　Xiànzài shí diǎn yí kè. (chà)

_____

5. Give the Chinese equivalents for the following sentences.

1. What time does the bank open on Saturday? Ten o'clock in the morning.

_____

2. Our school's library is open on Sunday morning, not on Sunday afternoon.

_____

3. Which university does your son go to?

_____

4. Both my elder brother and my elder sister work at Bank of America.

_____

5. What are you doing now?

_____

6. What time do you get off work?

_____

7. Why haven't you gotten off work yet?

    _____

8. At what bank does your father work?

    _____

9. What does he do in the Human Resources Department?

    _____

10. Do you eat dinner at the company cafeteria?

    _____

6. **Using the vocabulary that you have already learned, try to figure out the meaning of the following words.**

1. 离婚 líhūn _____
2. 下课 xià kè _____
3. 早饭 zǎofàn _____
4. 做买卖 zuò mǎimai _____
5. 中国城 Zhōngguóchéng _____

7. **Using Chinese, list the birth dates of your family members, including your father, mother, spouse, siblings, and children.**

_____

_____

_____

_____

8. Write a paragraph explaining your daily routine. Include the time you get up, the time you eat meals, and some of the other things you regularly do throughout the day.

_____

_____

_____

_____

Unit **6.1**

Exercises

 1. **Listen to the audio and read the following sentences out loud. Then give the English equivalents.**

1. 你知道他要去哪儿做生意吗？

   Nǐ zhīdào tā yào qù nǎr zuò shēngyì ma?

   _____

2. 这位先生要见市场部的经理。

   Zhè wèi xiānsheng yào jiàn shìchǎngbù de jīnglǐ.

   _____

3. 你晚上要开车，不要喝太多酒。

   Nǐ wǎnshang yào kāi chē, búyào hē tài duō jiǔ.

   _____

4. 你想他会帮我们想个办法吗？

   Nǐ xiǎng tā huì bāng wǒmen xiǎng ge bànfǎ ma?

   _____

5. 已经六点半了，你想她还会在办公室吗？

   Yǐjīng liù diǎn bàn le, nǐ xiǎng tā hái huì zài bàngōngshì ma?

   _____

6. 你现在没时间，那么我们明天见吧。

Nǐ xiànzài méi shíjiān, nàme wǒmen míngtiān jiàn ba.

_____

7. 我想他不会要我们帮忙。 Wǒ xiǎng tā bú huì yào wǒmen bāng máng.

_____

8. 我们不想喝啤酒，我们要红酒。

Wǒmen bù xiǎng hē píjiǔ, wǒmen yào hóngjiǔ.

_____

9. 你们需要米饭吗? Nǐmen xūyào mǐfàn ma?

_____

10. 我想经理还没到公司。 Wǒ xiǎng jīnglǐ hái méi dào gōngsī.

_____

2. **Complete the following sentences by choosing the most appropriate word from among 会 huì, 能 néng, 可以 kěyǐ, 要 yào, or 想 xiǎng. (Note: some sentences may have more than one choice.)**

1. 我很____回家。 Wǒ hěn _____ huí jiā.

2. 明天我很忙，不____来帮你。 Míngtiān wǒ hěn máng, bù _____ lái bāng nǐ.

3. 今天是星期日，我____去打球。

Jīntiān shì xīngqīrì, wǒ _____ qù dǎ qiú.

4. 我的中文说得不好，我____说英文吗?

Wǒ de Zhōngwén shuō de bù hǎo, wǒ _____ shuō Yīngwén ma?

5. 王经理今天没有时间见你，明天____吗?

Wáng Jīnglǐ jīntiān méiyǒu shíjiān jiàn nǐ, míngtiān _____ ma?

6. 我有事，我下午不____去分公司。

Wǒ yǒu shì, wǒ xiàwǔ bù _____ qù fēngōngsī.

7. 我不 ＿＿＿ 喝茶，我 ＿＿＿ 喝咖啡。

Wǒ bù ＿＿＿ hē chá, wǒ ＿＿＿ hē kāfēi.

8. 我很累，我今天晚上 ＿＿＿ 在家休息。

Wǒ hěn lèi, wǒ jīntiān wǎnshang ＿＿＿ zài jiā xiūxi.

9. 你晚上开车 ＿＿＿ 小心。 Nǐ wǎnshang kāi chē ＿＿＿ xiǎoxīn.

10. 你下星期 ＿＿＿ 出差吗？ Nǐ xiàxīngqī ＿＿＿ chū chāi ma?

3. Create five sentences starting with 请你帮我 Qǐng nǐ bāng wǒ.

1. 请你帮我 ＿＿＿＿＿＿＿＿＿＿＿＿＿＿＿＿＿＿＿。
2. 请你帮我 ＿＿＿＿＿＿＿＿＿＿＿＿＿＿＿＿＿＿＿。
3. 请你帮我 ＿＿＿＿＿＿＿＿＿＿＿＿＿＿＿＿＿＿＿。
4. 请你帮我 ＿＿＿＿＿＿＿＿＿＿＿＿＿＿＿＿＿＿＿。
5. 请你帮我 ＿＿＿＿＿＿＿＿＿＿＿＿＿＿＿＿＿＿＿。

4. Complete the following conversations.

1. A: 你要什么？　Nǐ yào shénme?

   B: ＿＿＿＿＿＿＿＿＿＿＿＿＿＿＿＿＿＿＿＿＿。

2. A: ＿＿＿＿＿＿＿＿＿＿＿＿＿＿＿＿＿＿＿＿＿。

   B: 我想喝冰水。 Wǒ xiǎng hē bīngshuǐ.

3. A: ＿＿＿＿＿＿＿＿＿＿＿＿＿＿＿＿＿＿＿？

   B: 我很想家。 Wǒ hěn xiǎng jiā.

4. A: ＿＿＿＿＿＿＿＿＿＿＿＿＿＿＿＿＿＿＿？

   B: 我想太太跟孩子们。 Wǒ xiǎng tàitai gēn háizimen.

5. A: 明天你会去公司吗？　Míngtiān nǐ huì qù gōngsī ma?

   B: ＿＿＿＿＿＿＿＿＿＿＿＿＿＿＿＿＿＿＿＿＿。

6. A： 你明天能去开会吗？ Nǐ míngtiān néng qù kāi huì ma?

   B： 我明天很忙，_____。

   Wǒ míngtiān hěn máng, _____.

7. A： _____？

   B： 我想见市场部的经理。 Wǒ xiǎng jiàn shìchǎngbù de jīnglǐ.

8. A： 你今天去上班吗？ Nǐ jīntiān qù shàng bān ma?

   B： 我很累，_____。

   Wǒ hěn lèi, _____.

9. A： 你想什么？ Nǐ xiǎng shénme?

   B： _____。

10. A： 你下星期六要不要上班？ Nǐ xià xīngqīliù yào bú yào shàng bān?

    B： 不，_____。

    Bù, _____.

11. A： 你明年会去中国做生意吗？ Nǐ míngnián huì qù Zhōngguó zuò shēngyì ma?

    B： 会，_____。

    Huì, _____.

12. A： 去中国做生意要会说中文吗？

    Qù Zhōngguó zuò shēngyì yào huì shuō Zhōngwén ma?

    B： _____。

5. **Give the Chinese equivalents for the following sentences.**

1. What would you like to drink?

   _____

2. I want to go to China to study Chinese.

   _____

3. Can he come to my office immediately?

    _____

4. I don't want to buy a German car; German cars are too expensive.

    _____

5. Do you need to travel to Shanghai for business next Wednesday?

    _____

6. I don't think the manager was in the office.

    _____

7. You don't need to come tomorrow.

    _____

8. Could you help me contact Dr. Li?

    _____

9. I don't think he would help us.

    _____

10. I think the manager is younger than me.

    _____

11. When would you like to meet with the manager of the marketing department?

    _____

12. Do you need my help?

    _____

6. **Using the information in the calendar, answer the questions regarding the dates or days of the week.**

Sunday	Monday	Tuesday	Wednesday	Thursday	Friday	Saturday
			1	2	3	4
5	6	7	8	9	10	11
12	13	14	15	16	17	18
19	20	21	22	23	24	25
26	27	28	29	30	31	

Today is Monday the 13th.

1. 昨天几号? Zuótiān jǐ hào?

    _____

2. 明天星期几? Míngtiān xīngqī jǐ?

    _____

3. 前天是不是十号? Qiántiān shì bú shì shí hào?

    _____

4. 下个星期三是几号? Xià ge xīngqīsān shì jǐ hào?

    _____

5. 下下个星期四呢? Xià xià ge xīngqīsì ne?

    _____

6. 这个星期天呢? Zhè ge xīngqītiān ne?

    _____

7. 六号是礼拜几? Liù hào shì lǐbài jǐ?

    _____

8. 三号是上个星期还是上上星期五?
    Sān hào shì shàng ge xīngqī háishi shàng shàng xīngqīwǔ?

    _____

9. 大前天是周末吗? Dàqiántiān shì zhōumò ma?

_____

10. 后天是十七号吗? Hòutiān shì shíqī hào?

_____

7. Write a paragraph in which you ask your secretary to set up an appointment for you to meet with the manager of a company. Tell him or her when the appointment should be and with whom you would like to meet.

_____

_____

_____

_____

Unit **6.2**

Exercises

1. **Listen to the audio and read the following sentences out loud. Then give the English equivalents.**

1. 请你马上给他打个电话。Qǐng nǐ mǎshàng gěi tā dǎ ge diànhuà.

   _____

2. 请你帮我买瓶啤酒。Qǐng nǐ bāng wǒ mǎi píng píjiǔ.

   _____

3. 这罐雪碧你还要吗？Zhè guàn Xuěbì nǐ hái yào ma?

   _____

4. 你给经理发电子邮件还是发传真了？

   Nǐ gěi jīnglǐ fā diànzǐ yóujiàn háishi fā chuánzhēn le?

   _____

5. 我太太身体不太好，请你给我们介绍个医生。

   Wǒ tàitài shēntǐ bù tài hǎo, qǐng nǐ gěi wǒmen jièshào ge yīshēng.

   _____

6. 他听报告去了，我不知道他会不会回来。

   Tā tīng bàogào qù le, wǒ bù zhīdào tā huì bú huì huílai.

   _____

7. 你知道他打电话给谁吗？ Nǐ zhīdào tā dǎ diànhuà gěi shéi ma?

_____

8. 你安排他们什么时候见面呢？ Nǐ ānpái tāmen shénme shíhou jiàn miàn ne?

_____

2. **Choose 就 jiù or 才 cái to complete the sentences, and then give the English equivalents.**

1. 他十五岁 _____ 结婚了。 Tā shíwǔ suì _____ jié hūn le.

2. 她四十岁 _____ 有孩子。 Tā sìshí suì _____ yǒu háizi.

3. 我昨天晚上两点 _____ 睡，可是今天早上五点 _____ 起来了。
   Wǒ zuótiān wǎnshang liǎng diǎn _____ shuì, kěshì jīntiān zǎoshang wǔ diǎn _____ qǐlái le.

4. 我马上 _____ 来，请你等我。 Wǒ mǎshàng _____ lái, qǐng nǐ děng wǒ.

5. 这台电脑去年 _____ 买了。 Zhè tái diànnǎo qùnián _____ mǎi le.

6. 我们九点开会，可是他九点半 _____ 到。
   Wǒmen jiǔ diǎn kāi huì, kěshì tā jiǔ diǎn bàn _____ dào.

7. 你明天 _____ 回国吗？ 不，我后天 _____ 回国。
   Nǐ míngtiān _____ huí guó ma? Bù, wǒ hòutiān _____ huí guó.

8. 他下星期 _____ 做报告吗？ 不，他这个星期 _____ 做。
   Tā xià xīngqī _____ bàogào ma? Bù, tā zhè ge xīngqī _____ zuò.

3. **Match the questions on the left with the appropriate answers on the right.**

( ) 1. 你喝什么？
Nǐ hē shénme?

A: 不，我后天才走。
Bù, wǒ hòutiān cái zǒu.

( ) 2. 你能帮我联系王经理吗？
Nǐ néng bāng wǒ liánxì Wáng Jīnglǐ ma?

B: 对不起，下午我要开会。
Duìbuqǐ, xiàwǔ wǒ yào kāi huì.

( ) 3. 他为什么不在？
Tā wèishénme bú zài?

C: 他出差去了。
Tā chū chāi qù le.

( ) 4. 你明天就走吗？
Nǐ míngtiān jiù zǒu ma?

D: 那么请你安排我们下周三见面。
Nàme qǐng nǐ ānpái wǒmen xià zhōusān jiàn miàn.

( ) 5. 马经理在吗？
Mǎ Jīnglǐ zài ma?

E: 我去他办公室看看。
Wǒ qù tā bàngōngshì kàn kan.

( ) 6. 这个酒很好，请试试看。
Zhè ge jiǔ hěn hǎo, qǐng shìshi kàn.

F: 不在，他已经下班了。
Bú zài, tā yǐjīng xià bān le.

( ) 7. 今天下午我能不能来看你？
Jīntiān xiàwǔ wǒ néng bù néng lái kàn nǐ?

G: 我马上帮你联系。
Wǒ mǎshang bāng nǐ liánxì.

( ) 8. 你给他打电话了吗？
Nǐ gěi tā dǎ diànhuà le ma?

H: 对不起，我不喝酒。
Duìbuqǐ, wǒ bù hē jiǔ.

( ) 9. 他还在办公室吗？
Tā hái zài bàngōngshì ma?

I: 请给我一杯咖啡。
Qǐng gěi wǒ yì bēi kāfēi.

( ) 10. 马经理下周三有时间。
Mǎ Jīnglǐ xià zhōusān yǒu shíjiān.

J: 打了。
Dǎ le.

4. **Choose 吗 ma, 呢 ne, or 吧 ba to complete the sentences, and then give the English equivalents.**

1. 林太太在_____? Lín Tàitai zài _____?

   _____

2. 你什么时候回来_____? Nǐ shénme shíhòu huílai _____?

   _____

3. 他是大学生，会说英语_____?

   Tā shì dàxuéshēng, huì shuō Yīngyǔ _____?

   _____

4. 明天是星期天，我们去小林家玩_____!

   Míngtiān shì xīngqītiān, wǒmen qù Xiǎo Lín jiā wán _____!

   _____

5. 他会不会见我 _____? Tā huì bú huì jiàn wǒ _____?

   _____

6. 那么我们下星期见 _____! Nàme wǒmen xià xīngqī jiàn _____!

   _____

5. **Insert the word in parentheses into the sentences, and then give the English equivalents.**

1. 我想他是湖南人。 (不) Wǒ xiǎng tā shi Húnánrén. (bù)

   _____

2. 他下下个月能回来。 (才) Tā xià xià ge yuè néng huílai. (cái)

   _____

3. 我现在给他发传真。 (就) Wǒ xiànzài gěi tā fā chuánzhēn. (jiù)

   _____

4. 我会帮你联系。　(马上)　Wǒ huì bāng nǐ liánxì. (mǎshàng)

_____

5. 张经理吃午饭。　(去了)　Zhāng Jīnglǐ chī wǔfàn. (qù le)

_____

6. 他后天上下午要开会吗?　(都)　Tā hòutiān shàngxiàwǔ yào kāi huì ma? (dōu)

_____

7. 我们明天也去听报告。　(要)　Wǒmen míngtiān yě qù tīng bàogào. (yào)

_____

8. 你打电话了吗?　(给经理)　Nǐ dǎ diànhuà le ma? (gěi jīnglǐ)

_____

9. 他什么时候出差。　(去)　Tā shénme shíhòu chū chāi. (qù)

_____

10. 你知道他会回来吗?　(什么时候)　Nǐ zhīdào tā huì huílai ma? (shénme shíhòu)

_____

11. 他在哪儿工作?　(你知道吗)　Tā zài nǎr gōngzuò? (nǐ zhīdào ma)

_____

12. 他想回公司上班吗?　(不)　Tā xiǎng huí gōngsī shàng bān ma? (bù)

_____

6. **Answer the questions regarding Jeff's business itinerary in China.**

Date   Plan

11th   到上海见总部的王经理 Dào Shànghǎi jiàn zǒngbù de Wáng Jīnglǐ

12th   请秘书联系市场部的同事 Qǐng mìshū liánxì shìchǎngbù de tóngshì

13th   去北京安排分公司的工作 Qù Běijīng ānpái fēngōngsī de gōngzuò

14th   跟分公司人事部的经理开会 Gēn fēngōngsī rénshìbù de jīnglǐ kāi huì

15th   在北京找公寓 Zài Běijīng zhǎo gōngyù

16th   请陈律师吃饭 Qǐng Chén Lùshī chī fàn

17th   去电脑城买东西 Qù Diànnǎochéng mǎi dōngxi

Today is the fifteenth, and Jeff has just recently been appointed president of his company's branch office in Beijing.

1. Where will Jeff go in two days? For what purpose?

    _____

2. On the fourteenth, what did Jeff do?

    _____

3. What are his plans for today?

    _____

4. On what date did Jeff go to Beijing? For what purpose?

    _____

5. When will Jeff invite lawyer Chen for dinner?

    _____

6. When did Jeff meet with Manager Wong in Shanghai headquarters?

    _____

7. What did Jeff do three days ago?

    _____

7. **Give the Chinese equivalents for the following sentences.**

1. Do you think he will be able to come to work tomorrow?

   _____

2. I heard they will not come to China until next month.

   _____

3. She will not be back to work until next week.

   _____

4. I don't know if they drink.

   _____

5. Do you know my friend's father?

   _____

6. Do you know where his office is located?

   _____

7. I know you have a Chinese teacher, but I don't know him personally.

   _____

8. I will send him an e-mail right now.

   _____

9. He went shopping.

   _____

10. Please introduce a doctor to me.

   _____

8. Write a paragraph in which you ask your secretary to rearrange a previously-scheduled appointment for you. Ask the secretary to change the date and time of the original appointment and to inform the other party of the reason for the appointment.

_____

_____

_____

_____

Unit **7.1**

Exercises

1. **Complete the following conversations.**

1. A: 你今天刚回来吗？ Nǐ jīntiān gāng huílai ma?

   B: 是的，我今天 _____ 回来。Shì de, wǒ jīntiān _____ huílai.

   A: 你从 _____ 回来？ Nǐ cóng _____ huílai?

   B: 我 ____ 广东 _____。Wǒ _____ Guǎngdōng _____.

2. A: 你经常去分公司吗？ Nǐ jīngcháng qù fēngōngsī ma?

   B: 是的，我 _____ 去。Shì de, wǒ _____ qù.

   A: 你一个月去 _____ 次？ Nǐ yí ge yuè qù _____ cì?

   B: 我 _____ 去三次。Wǒ _____ qù sān cì.

   A: 你一次会待 _____？ Nǐ yí cì huì dāi _____?

   B: 我 ____ 会待两天左右。Wǒ _____ huì dài liǎng tiān zuǒyòu.

3. A: 你常来上海吗？ Nǐ cháng lái Shànghǎi ma?

   B: 我不 _____ 来。Wǒ bù _____ lái.

   A: 你这次从 _____ 来？ Nǐ zhè cì cóng _____ lái?

   B: 我从天津来。Wǒ cóng Tiānjīn lái.

4. A: 胡先生，这是我的名片。Hú Xiānsheng, zhè shì wǒ de míngpiàn.

   B: 这是我的 _____，请多多 _____。

   Zhè shì wǒ de _____, qǐng duō duō _____.

5. A: 对不起，我昨天没能来见您。Duìbuqǐ, wǒ zuótiān méi néng lái jiàn nín.

    B: _____，我知道您很忙。

    _____, Wǒ zhīdào nín hěn máng.

6. A: 他们 _____? Tāmen _____?

    B: 他们结婚十三年了。Tāmen jié hūn shísān nián le.

2. **Complete the following conversations by using either 来 lái or 去 qù.**

1. A: 张经理在吗？ Zhāng Jīnglǐ zài ma?

    B: 他出差 ____ 了。Tā chū chāi ____ le.

    A: 那他什么时候回 ____？ Nà tā shénme shíhòu huí ____?

    B: 大概下星期五。Dàgài xià xīngqīwǔ.

2. A: 你到家了吗？ Nǐ dào jiā le ma?

    B: 到了，你什么时候 ____ 我家？ Dào le, nǐ shénme shíhòu ____ wǒ jiā?

    A: 我现在就 ____。Wǒ xiànzài jiù ____.

3. A: 你会 ____ 我们这儿开会吗？ Nǐ huì ____ wǒmen zhèr kāi huì ma?

    B: 对不起，我不能 ____ 你们那儿开会。

    Duìbuqǐ, wǒ bù néng ____ nǐmen nàr kāi huì.

4. A: 今天我有空。Jīntiān wǒ yǒu kòng.

    B: 那我们 ____ 公园玩儿吧。Nà wǒmen ____ gōngyuán wánr ba.

5. A: 你刚到这儿 ____ 吗？ Nǐ gāng dào zhèr ____ ma?

    B: 是的，我刚 ____。 Shì de, wǒ gāng ____.

3. **Rearrange each word in parentheses to complete the following sentences.**

1. 我回家。(三次，一年，大概)

    Wǒ huí jiā.   (sān cì, yì nián, dàgài)

    _____

2. 林小姐出差。　　(一个月，大概，两次)

Lín Xiǎojie chū chāi.　　(yí ge yuè, dàgài, liǎng cì)

_____

3. 他去打网球。　　(大概，一星期，两，三，次)

Tā qù dǎ wǎngqiú.　　(dàgài, yì xīngqī, liǎng, sān, cì)

_____

4. 他打电话。　　(差不多，一天，五，四，次)

Tā dǎ diànhuà.　　(chàbuduō, yì tiān, wǔ, sì, cì)

_____

4. Complete the following conversations by using the pattern "多 + Adj."

1. A: 你女儿 _____ 了？　Nǐ nǚ'ér _____ le?

   B: 十九岁了。Shíjiǔ suì le.

2. A: 你的儿子有 _____?　Nǐ de érzi yǒu _____?

   B: 他有一米八。Tā yǒu yì mǐ bā.

3. A: 你会在纽约待 _____?　Nǐ huì zài Niǔyuē dāi _____?

   B: 一星期左右。Yì xīngqī zuǒyòu.

4. A: 电脑市场离这儿有 _____?　Diànnǎo Shìchǎng lí zhèr yǒu _____?

   B: 差不多一公里。Chàbuduō yì gōnglǐ.

5. A: 你来中国 _____ 时间了？　Nǐ lái Zhōngguó _____ shíjiān le?

   B: 我来一年半了。Wǒ lái yì nián bàn le.

5. Rearrange the following words into meaningful sentences.

1. 会　　李小姐　　也　　待　　上海　　在　　一个星期

   huì　　Lǐ Xiǎojie　　yě　　dāi　　Shànghǎi　　zài　　yí ge xīngqī

_____

2.　我　　出　　差　　下星期　　两天　　要
　　wǒ　　chū　　chāi　　xiàxīngqī　　liǎng tiān　　yào

_____

3.　我　　明天　　的　　要　　开　　会　　一天
　　wǒ　　míngtiān　　de　　yào　　kāi　　huì　　yì tiān

_____

4.　做　　六　　月　　做　　他　　了　　个　　会计
　　zuò　　liù　　yuè　　zuò　　tā　　le　　ge　　kuàijì

_____

5.　三　　年　　了　　他　　退休　　已经
　　sān　　nián　　le　　tā　　tuìxiū　　yǐjīng

_____

6.　大概　　一个月　　美国　　一次　　来　　我
　　dàgài　　yí ge yuè　　Měiguó　　yí cì　　lái　　wǒ

_____

7.　您　　我们　　来　　公司　　的　　欢迎
　　nín　　wǒmen　　lái　　gōngsī　　de　　huānyíng

_____

8.　多　　久　　了　　李总　　英文　　学　　了　　的
　　duō　　jiǔ　　le　　Lǐ Zǒng　　Yīngwén　　xué　　le　　de

_____

6. Give the Chinese equivalents for the following sentences.

1.　He calls his wife once every day.

_____

2.   He exercises for 30 minutes every day.

_____

3.   He just returned from Guangdong.

_____

4.   How many times a week do you buy groceries?

_____

5.   How long have you been working for this company?

_____

6.   Where will you be going to from New York?

_____

7.   Did you just come back from London?

_____

8.   Our company's general manager often goes to the branch office in Suzhou on business trips.

_____

9.   He went to China on a business trip for five days last month.

_____

10. This is my second trip to Xi'an.

_____

7.   **Introduce yourself to a superior. Tell him or her where you came from, how long you plan to stay, and how often you come to this place to visit.**

_____

_____

_____

_____

Unit **7.2**

Exercises

1. Choose 几 and 多少 to complete the following questions.

1. 一罐可乐 _____ 钱?   Yì guàn kělè _____ qián?

2. 你们学校有 _____ 学生?   Nǐmen xuéxiào yǒu _____ xuésheng?

3. 一星期有 _____ 天?   Yì xīngqī yǒu _____ tiān?

4. 一年有 _____ 天?   Yì nián yǒu _____ tiān?

5. 你一年去中国 _____ 次?   Nǐ yì nián qù Zhōngguó _____ cì?

2. Insert the words in parentheses into the appropriate places within the sentences, and then give the English equivalents.

1. 欢迎您来我们的工厂。   (参观)

   Huānyíng nín lái wǒmen de gōngchǎng.   (cānguān)

   _____

2. 有机会我会来。   (一定)

   Yǒu jīhuì wǒ huì lái.   (yídìng)

   _____

3. 这个分厂差不多有一千个员工。   (一共)

   Zhè ge fēnchǎng chàbuduō yǒu yìqiān ge yuángōng.   (yígòng)

   _____

4. 我这次是给你们介绍我们的总公司。 (来)

    Wǒ zhè cì shì gěi nǐmen jièshào wǒmen de zǒnggōngsī. (lái)

    _____

5. 这个分厂是去年建的。 (不)

    Zhè ge fēnchǎng shì qùnián jiàn de. (bù)

    _____

3. Complete the following conversations using the 是……的 construction and the hints in parentheses.

1. A: 这本杂志是谁买的。 Zhè běn zázhì shì shéi mǎi de.

   B: _____。 (我 wǒ)

2. A: 白先生已经回来了。 Bái Xiānsheng yǐjīng huílai le.

   B: 是吗? 他 _____? Shì ma? Tā _____?

   A: 是昨天下午回来的。 Shì zuótiān xiàwǔ huílai de.

3. A: 我认识马经理。 Wǒ rènshi Mǎ Jīnglǐ.

   B: 是吗? 你们是什么时候认识的?

   Shì ma? Nǐmen shì shénme shíhòu rènshi de?

   A: _____。 (去年 qùnián)

4. A: 你买汽车了吗? Nǐ mǎi qìchē le ma?

   B: _____。

   A: 你在哪里买的? Nǐ zài nǎli mǎi de?

   B: _____。(汽车城 qìchēchéng)

5. A: 听说李经理到苏州来了。 Tīngshuō Lǐ Jīnglǐ dào Sūzhōu lái le.

   B: 是吗? _____? Shì ma? _____?

   A: 他是从上海来的。 Tā shì cóng Shànghǎi lái de.

   B: 他是 _____? Tā shì _____?

   A: 是上个星期到的。 Shì shàng ge xīngqī dào de.

B: 他坐火车来的吗?　Tā zuò huǒchē lái de ma?

A: 不，＿＿＿＿＿＿＿＿＿。(开车)

　　Bù, ＿＿＿＿＿＿＿＿＿. (kāi chē)

4. Rearrange the following words into meaningful sentences.

1. 他　火车　坐　北京　不　去　的　是
   tā　huǒchē　zuò　Běijīng　bù　qù　de　shì

   ＿＿＿＿＿＿＿＿＿＿＿＿＿＿＿

2. 在　上海　这　工厂　种　生产　的　是　饮料　的
   zài　Shànghǎi　zhè　gōngchǎng　zhǒng　shēngchǎn　de　shì　yǐnliào　de

   ＿＿＿＿＿＿＿＿＿＿＿＿＿＿＿

3. 张先生　感　管理　对　很　兴趣　工厂　的
   Zhāng Xiānshēng　gǎn　guǎnlǐ　duì　hěn　xìngqu　gōngchǎng　de

   ＿＿＿＿＿＿＿＿＿＿＿＿＿＿＿

4. 哪一个　在　那个　新公司　城市　是　山东　的?
   nǎ yí ge　zài　nà ge　xīn gōngsī　chéngshì　shì　Shāndōng　de?

   ＿＿＿＿＿＿＿＿＿＿＿＿＿＿＿

5. 在　这　生产　产品　哪儿　种　是　的?
   zài　zhè　shēngchǎn　chǎnpǐn　nǎr　zhǒng　shì　de?

   ＿＿＿＿＿＿＿＿＿＿＿＿＿＿＿

5. Compare the following pairs of sentences and briefly explain in English how they differ in meaning.

1. 他昨天回家了。　Tā zuótiān huí jiā le.
   他是昨天回家的。　Tā shì zuótiān huí jiā de.

   ＿＿＿＿＿＿＿＿＿＿＿＿＿＿＿＿＿＿＿＿＿＿＿＿＿

2. 他非常紧张。   Tā fēicháng jǐnzhāng.

    他太紧张了。   Tā tài jǐnzhāng le.

_____

3. 他没有开车去杭州。   Tā méiyǒu kāi chē qù Hángzhōu.

    他不是开车去杭州的。   Tā bú shì kāi chē qù Hángzhōu de.

_____

4. 他来了三个星期了。   Tā lái le sān ge xīngqī le.

    他来了三个星期。   Tā lái le sān ge xīngqī.

_____

5. 你是从哪儿去香港的?   Nǐ shì cóng nǎr qù Xiānggǎng de?

    你是从哪儿来香港的?   Nǐ shì cóng nǎr lái Xiānggǎng de?

_____

6. **Give the Chinese equivalents for the following sentences.**

1. I'm very interested in building a new plant in Guangzhou.

_____

2. Are you interested in investing in China?

_____

3. It is so great that they could come help us.

_____

4. The products in that store are too expensive.

_____

5. This (type of) cell phone is not too old.

_____

6. Where did you go after you left Beijing?

_____

7.   Who is the person that called me this morning?

_____

8.   Where were these products manufactured?

_____

9.   It was last year that he came to China to do business.

_____

10.   It was not Mr. Lin who told me.

_____

7.   **You have a friend who has just formed a joint venture in China. Create a situation asking him when, where, with whom, and why he decided to form this joint venture. (Use the 是……的 construction.)**

_____

_____

_____

_____

Unit **8.1**

Exercises

1. Insert the words in parentheses into the appropriate places within the sentences. and then give the English equivalents. (Note: some sentences may need to be restructured.)

1. 我去办公室找他三次，他都不在。(过)

   Wǒ qù bàngōngshì zhǎo tā sān cì, tā dōu bú zài.　　(guò)

   _____

2. 这种产品太贵! （了）Zhè zhǒng chǎnpǐn tài guì! (le)

   _____

3. 他住北京饭店。 （在） Tā zhù Běijīng Fàndiàn. (zài)

   _____

4. 谁在这儿? （坐） Shéi zài zhèr? (zuò)

   _____

5. 你要我等你吗? (在哪儿) Nǐ yào wǒ děng nǐ ma? (zài nǎr)

   _____

6. 你在王府饭店吃饭吗? (过) Nǐ zài Wángfǔ Fàndiàn chī fàn ma? (guò)

   _____

7. 大家都到了，我们走吧。(那) Dàjiā dōu dào le, wǒmen zǒu ba. (nà)

   _____

8. 那我们一起去吃午饭吧。(就) Nà wǒmen yìqǐ qù chī wǔfàn ba. (jiù)

   _____

2. Compare the following pairs or groups of sentences and briefly explain in English how they differ in meaning.

1. 明天晚上我去饭店接您。　　Míngtiān wǎnshang wǒ qù fàndiàn jiē nín.

   明天晚上我接您去饭店。　　Míngtiān wǎnshang wǒ jiē nín qù fàndiàn.

   _____

2. 我请你喝咖啡。　　Wǒ qǐng nǐ hē kāfēi.

   请喝咖啡。　　Qǐng hē kāfēi.

   _____

3. 请进来。　　Qǐng jìnlai.

   请进去。　　Qǐng jìnqu.

   _____

4. 你昨天去长城了吗?　　Nǐ zuótiān qù Chángchéng le ma?

   你去过长城吗?　　Nǐ qù guò Chángchéng ma?

   _____

5. 我们去吃烤鸭吗?　　Wǒmen qù chī kǎoyā ma?

   我们去吃烤鸭吧!　　Wǒmen qù chī kǎoyā ba!

   我们去不去吃烤鸭呢?　　Wǒmen qù bú qù chī kǎoyā ne?

   _____

6. 他没去大连。　　Tā méi qù Dàlián.

   他没去过大连。　　Tā méi qù guò Dàlián.

   _____

7. 我已经看过新的产品了。　　Wǒ yǐjīng kàn guò xīn de chǎnpǐn le.

   我还没看过新的产品呢。　　Wǒ hái méi kàn guò xīn de chǎnpǐn ne.

   _____

8. 你在哪家饭店吃过饭？   Nǐ zài nǎ jiā fàndiàn chī guò fàn?

你是在哪家饭店吃饭的？   Nǐ shì zài nǎ jiā fàndiàn chī fàn de?

---

9. 他站在那儿做什么？   Tā zhàn zài nàr zuò shénme?

他为什么站在那儿？   Tā wèishénme zhàn zài nàr?

---

10. 我们会去大堂等你。   Wǒmen huì qù dàtáng děng nǐ.

我们会在大堂等你。   Wǒmen huì zài dàtáng děng nǐ.

---

3. **Match the sentences on the left with the responses on the right to complete the conversations.**

( ) 1. 这星期我非常忙。   A: 那就请他进来吧！

( ) 2. 高先生还没来。   B: 那我们今天晚上就去看吧！

( ) 3. 我还没在那家饭店吃过饭。   C: 那咱们回家吧！

( ) 4. 他到了。   D: 那我给他打个电话吧！

( ) 5. 听说那个电影很有意思。   E: 那我们今天就去那儿吃吧！

( ) 6. 下班了。   F: 那我们下星期见面吧！

( ) 1. Zhè xīngqī wǒ fēicháng máng.   A: Nà jiù qǐng tā jìnlai ba!

( ) 2. Gāo Xiānsheng hái méi lái.   B: Nà wǒmen jīntiān wǎnshang jiù qù kàn ba!

( ) 3. Wǒ hái méi zài nà jiā fàndiàn chī guò fàn.   C: Nà zánmen huí jiā ba!

( ) 4. Tā dào le.   D: Nà wǒ gěi tā dǎ ge diànhuà ba!

( ) 5. Tīngshuō nà ge diànyǐng hěn yǒu yìsi.   E: Nà wǒmen jīntiān jiù qù nàr chī ba!

( ) 6. Xià bān le.   F: Nà wǒmen xià xīngqī jiàn miàn ba!

4. **Complete the following conversations in full sentences utilizing the words provided in parentheses.**

1. A: 你昨天晚上去唱卡拉OK了吗?

    Nǐ zuótiān wǎnshang qù chàng kǎlā OK le ma?

    B: _____。 (没有) (méiyǒu)

2. A: 你看过中国电影吗? Nǐ kàn guò Zhōngguó diànyǐng ma?

    B: _____。 (看过) (kàn guò)

3. A: 你见过他的太太没有? Nǐ jiàn guò tā de tàitai méiyǒu?

    B: _____。 (还没有) (hái méiyǒu)

4. A: 今天晚上谁请你吃饭? Jīntiān wǎnshang shéi qǐng nǐ chī fàn?

    B: _____。 (张先生) (Zhāng Xiānsheng)

5. A: 你想请谁吃饭? Nǐ xiǎng qǐng shéi chī fàn?

    B: _____。 (李小姐) (Lǐ Xiǎojie)

6. A: 你这次住在哪个饭店? Nǐ zhè cì zhù zài nǎ ge fàndiàn?

    B: _____。 (长城饭店) (Chángchéng Fàndiàn)

5. **Give the Chinese equivalents for the following sentences.**

1. Do you know which hotel Mr. Gao is staying in?

    _____

2. Where do you want to sit?

    _____

3. What is he doing standing there?

    _____

4. Have you ever had Japanese food?

    _____

5.   Have you ever met the manager of the marketing department?

_____

6.   I have not met Dr. Lin yet.

_____

7.   We haven't had any meetings this week.

_____

8.   I heard that the general manager is going to invite us to dinner this Friday.

_____

9.   I'll come to your office to pick you up at 6:30 p.m.

_____

10. What are Shanghai's signature dishes?

_____

11. Please wait for a moment.

_____

12. I would like to invite Mr. Wu to say a few words.

_____

6.   Invite a group of guests to dinner. Give details such as when to meet, where the restaurant is, who will be joining you, and why you chose this restaurant.

_____

_____

_____

_____

Unit 8.2

Exercises

1. Use 还是 and the words below to make choice-type questions.

Example:

今天　明天 Jīntiān míngtiān

你今天来，还是明天来？ Nǐ jīntiān lái, háishi míngtiān lái?

1. 啤酒 píjiǔ　　　　茅台酒 Máotáijiǔ

   _____

2. 成都 Chéngdū　　　重庆 Chóngqìng

   _____

3. 机场 jīchǎng　　　车站 chēzhàn

   _____

4. 大堂 dàtáng　　　房间 fángjiān

   _____

5. 四川菜 Sìchuāncài　　湖南菜 Húnáncài

   _____

2. Compare the following pairs of sentences and briefly explain in English how they differ in meaning.

1. 我什么都想吃。 Wǒ shénme dōu xiǎng chī.

   我什么都不想吃。 Wǒ shénme dōu bù xiǎng chī.

   _____

2. 他谁都不喜欢。 Tā shuí dōu bù xǐhuan.

   谁都不喜欢他。 Shéi dōu bù xǐhuan tā.

---

3. 他看什么书？ Tā kàn shénme shū?

   他什么书都看吗？ Tā shénme shū dōu kàn ma?

---

4. 你喜欢去哪儿？ Nǐ xǐhuan qù nǎr?

   你哪儿都喜欢去吗？ Nǐ nǎr dōu xǐhuan qù ma?

---

5. 请你多买一点。 Qǐng nǐ duō mǎi yìdiǎn.

   请你少买一点。 Qǐng nǐ shǎo mǎi yìdiǎn.

---

6. 这道菜你尝尝看。 Zhè dào cài nǐ chángchang kàn.

   你尝一尝这道菜。 Nǐ cháng yi cháng zhè dào cài.

---

7. 哪儿有中国饭店？ Nǎr yǒu Zhōngguó fàndiàn?

   哪儿都有中国饭店。 Nǎr dōu yǒu Zhōngguó fàndiàn.

---

8. 他想做什么生意？ Tā xiǎng zuò shénme shēngyì?

   他什么生意都想做。 Tā shénme shēngyì dōu xiǎng zuò.

---

9. 那家工厂能生产什么饮料呢？

   Nà jiā gōngchǎng néng shēngchǎn shénme yǐnliào ne?

   那家工厂什么饮料都能生产吗？

   Nà jiā gōngchǎng shénme yǐnliào dōu néng shēngchǎn ma?

---

10. 你要去听他的报告吗？ Nǐ yào qù tīng tā de bàogào ma?

你要去听听他的报告吗？ Nǐ yào qù tīngting tā de bàogào ma?

_____

3. Insert the words in parentheses into the appropriate places within the sentences, and then give the English equivalents.

1. 我都认识。 （谁） Wǒ dōu rènshi. (shéi)

_____

2. 他什么都能喝。 （酒） Tā shénme dōu néng hē. (jiǔ)

_____

3. 这道菜太辣吗？ （会） Zhè dào cài tài là ma? (huì)

_____

4. 她哪儿都想去。 （不） Tā nǎr dōu xiǎng qù. (bù)

_____

5. 你想试试吗？ （看） Nǐ xiǎng shìshi ma? (kàn)

_____

6. 你太客气。 （别） Nǐ tài kèqi. (bié)

_____

7. 请吃一点菜。 （多） Qǐng chī yìdiǎn cài. (duō)

_____

8. 请他晚上打电话给我。 （不要） Qǐng tā wǎnshang dǎ diànhuà gěi wǒ. (búyào)

_____

9. 你要喝一点酒。 （少） Nǐ yào hē yìdiǎn jiǔ. (shǎo)

_____

10. 你要喝什么？ （点儿） Nǐ yào hē shénme? (diǎnr)

_____

4. **Use the following verbs to make sentences with repeated verb forms.**

Example:

等 děng

马经理现在很忙，请你等等。 Mǎ Jīnglǐ xiànzài hěn máng, qǐng nǐ děngdeng.

1. 看 kàn

   _____

2. 听 tīng

   _____

3. 介绍 jièshào

   _____

4. 休息 xiūxi

   _____

5. 参观 cānguān

   _____

5. **Complete the following sentences.**

1. 我怕 _____。

   Wǒ pà _____.

2. 请你多 _____。

   Qǐng nǐ duō _____.

3. 你想不想 _____？

   Nǐ xiǎng bù xiǎng _____？

4. _____，好吗?

   _____, hǎo ma?

5. 随便，我什么都 _____ 。

Suíbiàn, wǒ shénme dōu _____ .

6. 你怕不怕 _____ ?

Nǐ pà bú pà _____ ?

6. **Give the Chinese equivalents for the following sentences.**

1. What would you like to eat?

   _____

2. He is interested in everything.

   _____

3. He is not afraid of anything.

   _____

4. Everyone likes this product.

   _____

5. She has traveled everywhere.

   _____

6. They have all kinds of products.

   _____

7. He was drunk last night.

   _____

8. Don't call him tonight.

   _____

9. This dish is very good. Would you like to try it?

   _____

10. Where would you like to go to eat? Where ever is fine.

   _____

7. You have been invited to a dinner by a Chinese friend. Write short dialogues that reflect situations in which it would be appropriate to respond with the phrases "你太客气了 Nǐ tài kèqi le" and "随便 suíbiàn." Also include a few phrases in which you politely refuse to drink or eat what your host offers.

_____

_____

_____

_____

Unit **9.1**

Exercises

1. Insert the words in parentheses into the appropriate places within the sentences, and then give the English equivalents. (Note: some sentences may need to be restructured.)

1. 他去一家酒吧。(哪)　Tā qù yì jiā jiǔba. (nǎ)

   _____

2. 我们打算到北海公园去。　(就是……的)

   Wǒmen dǎsuàn dào Běihǎi Gōngyuán qù. (jiù shì…de)

   _____

3. 我们跟客户去吃饭，好吗? (一块儿)

   Wǒmen gēn kèhù qù chī fàn, hǎo ma?　(yí kuàir)

   _____

4. 我想去参观那家工厂。　(一直)

   Wǒ xiǎng qù cānguān nà jiā gōngchǎng.　(yìzhí)

   _____

5. 你下午有事吗? (什么)　Nǐ xiàwǔ yǒu shì ma? (shénme)

   _____

6. 你上午有空吗? (明天)　Nǐ shàngwǔ yǒu kòng ma? (míngtiān)

   _____

7. 他们安排晚上唱卡拉OK的地方。　　(正在)

Tāmen ānpái wǎnshang chàng kǎlā OK de dìfang.　　(zhèngzài)

_____

8. 我约了朋友一块儿去打网球。　　(几个)

Wǒ yuē le péngyou yíkuàir qù dǎ wǎngqiú.　　(jǐ ge)

_____

9. 听说三里屯有酒吧。　(很多)　Tīngshuō Sānlǐtún yǒu jiǔba. (hěn duō)

_____

10. 他跟客户谈了这个问题。　　(没有)

Tā gēn kèhù tán le zhè ge wèntí.　　(méiyǒu)

_____

11. 她有事。　(什么)　Tā yǒu shì. (shénme)

_____

12. 他跟他的老板讨论建工厂的计划。　　(正在)

Tā gēn tā de lǎobǎn tǎolùn jiàn gōngchǎng de jìhuà.　　(zhèngzài)

_____

13. 请你等我，我就来。　(一下)　Qǐng nǐ děng wǒ, wǒ jiù lái. (yíxià)

_____

14. 他想学汉语。　(跟谁)　Tā xiǎng xué Hànyǔ. (gēn shéi)

_____

15. 你要去外滩吗?　(约谁)　Nǐ yào qù Wàitān ma? (yuē shéi)

_____

2. **Complete the following sentences.**

1. 他正在 _____ 。

   Tā zhèngzài _____ .

2. 他约我们 _____ 。

   Tā yuē wǒmen _____ .

3. 他一回家就 _____ 。

   Tā yì huí jiā jiù _____ .

4. 我们先吃饭，再 _____ 。

   Wǒmen xiān chī fàn, zài _____ .

5. 听说 _____ 。

   Tīngshuō _____ .

6. 我一直想 _____ 。

   Wǒ yìzhí xiǎng _____ .

7. 我打算 _____ 。

   Wǒ dǎsuàn _____ .

8. 我跟你 _____ 。

   Wǒ gēn nǐ _____ .

9. 他们还没 _____ 。

   Tāmen hái méi _____ .

10. 他们约 _____ 打高尔夫球。

    Tāmen yuē _____ dǎ gāo'ěrfū qiú.

3. Choose "V + 了······再 zài" or "一 yī······就 jiù," depending on the degree of urgency, to link each pair of sentences.

1. 他回家。他看电视。 Tā huí jiā. Tā kàn diànshì.

_____

2. 我们听总经理的决定。我们安排工作。
   Wǒmen tīng zǒngjīnglǐ de juédìng. Wǒmen ānpái gōngzuò.

_____

3. 他有时间。他去运动。 Tā yǒu shíjiān. Tā qù yùndòng.

_____

4. 他看见我。他站起来了。 Tā kànjiàn wǒ. Tā zhàn qǐlái le.

_____

5. 他下班。他得跟客户应酬。 Tā xià bān. Tā děi gēn kèhù yìngchou.

_____

6. 他起来。他吃早饭。 Tā qǐlái. Tā chī zǎofàn.

_____

7. 马经理到办公室。你马上来给他介绍产品。
   Mǎ Jīnglǐ dào bàngōngshì. Nǐ mǎshàng lái gěi tā jièshào chǎnpǐn.

_____

8. 你交文件。我们谈。 Nǐ jiāo wénjiàn. Wǒmen tán.

_____

4. Compare the following pairs or groups of sentences and briefly explain in English how they differ in meaning.

1. 你在中国交了几个中国朋友？ Nǐ zài Zhōngguó jiāo le jǐ ge Zhōngguó péngyou?
   我在中国交了几个中国朋友。 Wǒ zài Zhōngguó jiāo le jǐ ge Zhōngguó péngyou.

_____

2. 你跟谁一块儿学打高尔夫球?　　Nǐ gēn shéi yíkuàir xué dǎ gāo'ěrfūqiú?

   你跟谁学打高尔夫球?　　Nǐ gēn shéi xué dǎ gāo'ěrfūqiú?

---

3. 我想约他去吃晚饭。　　Wǒ xiǎng yuē tā qù chī wǎnfàn.

   我想跟他去吃晚饭。　　Wǒ xiǎng gēn tā qù chī wǎnfàn.

   我想请他去吃晚饭。　　Wǒ xiǎng qǐng tā qù chī wǎnfàn.

---

4. 他正在帮你联系呢。　　Tā zhèngzài bāng nǐ liánxì ne.

   他已经帮你联系了。　　Tā yǐjīng bāng nǐ liánxì le.

---

5. 请你一下飞机就给我打电话。　Qǐng nǐ yí xià fēijī jiù gěi wǒ dǎ diànhuà.

   你下了飞机再给我打电话吧。　Nǐ xià le fēijī zài gěi wǒ dǎ diànhuà ba.

---

6. 你们今天晚上没有安排应酬吗?

   Nǐmen jīntiān wǎnshang méiyǒu ānpái yìngchou ma?

   你们今天晚上还没有安排应酬吗?

   Nǐmen jīntiān wǎnshang hái méiyǒu ānpái yìngchou ma?

---

5. **Give the Chinese equivalents for the following sentences.**

1. He is in the middle of reading a document.

   _____

2. They are in a meeting with the company lawyer to discuss the WOFE problems.

   _____

3. He's on the phone. Please wait for a moment.

   _____

4. Let's make an appointment to talk about your company's products.

    _____

5. Could you order a few dishes for us?

    _____

6. I have always wanted to visit the Great Wall with my wife.

    _____

7. Who would you like to ask out for a drink?

    _____

8. I have only been here for a couple of weeks; I only know a few people.

    _____

9. Did the boss go to karaoke with all of you yesterday?

    _____

10. I knew it as soon as you said it.

    _____

11. Whenever he gets some free time, he always goes to play golf.

    _____

12. My computer *is* in his office.

    _____

6. After getting off work yesterday, you went out with your coworkers. Talk about where you went, who was there, and what you did.

    _____

    _____

    _____

    _____

Unit **9.2**

Exercises

1. **Insert the words in parentheses into the appropriate places within the sentences, and then give the English equivalents. (Note: some sentences may need to be restructured.)**

1. 这几天很闷热。　　（一直）　Zhè jǐ tiān hěn mēnrè. (yìzhí)

   _____

2. 他很担心产品会有问题。　　（一直）
   Tā hěn dānxīn chǎnpǐn huì yǒu wèntí.　　(yìzhí)

   _____

3. 我给你们介绍。　　（一下）　Wǒ gěi nǐmen jièshào. (yíxià)

   _____

4. 我喜欢喝红酒。　　（比较）　Wǒ xǐhuan hē hóngjiǔ. (bǐjiào)

   _____

5. 如果买不到电影票，我们去新天地的酒吧喝酒。(就)
   Rúguǒ mǎi bu dào diànyǐngpiào, wǒmen qù Xīntiāndì de jiǔba hē jiǔ.　　(jiù)

   _____

6. 这本书太难了，我看不懂。　　（怕）
   Zhè běn shū tài nán le, wǒ kàn bu dǒng.　　(pà)

   _____

7. 有京剧，有杂技。　　(还)　Yǒu Jīngjù, yǒu zájì. (hái)

_____

8. 去成都可以坐飞机，可以坐火车。　　(也)
   Qù Chéngdū kěyǐ zuò fēijī, kěyǐ zuò huǒchē.　　(yě)

_____

9. 你还有建议吗？　(什么)　Nǐ hái yǒu jiànyì ma? (shénme)

_____

10. 他们虽然很忙，他们不用加班。　(可是)
    Tāmen suīrán hěn máng, tāmen búyòng jiā bān.　　(kěshì)

_____

11. 这个计划，我们明天见了面再讨论。　(怎么样)
    Zhè ge jìhuà, wǒmen míngtiān jiàn le miàn zài tǎolùn.　　(zěnmeyàng)

_____

12. 下了飞机，我们一起坐车去宾馆，好吗？　(以后)
    Xià le fēijī, wǒmen yìqǐ zuò chē qù bīnguǎn, hǎo ma?　　(yǐhòu)

_____

2. Choose "如果······就 rúguǒ...jiù," "虽然······但是 suīrán...dànshì," or
"是······还是 shì...háishi" to link each pair of sentences.

1. 明天有空。我们去长城。Míngtiān yǒu kòng. Wǒmen qù Chángchéng.

_____

2. 产品好。我们买。Chǎnpǐn hǎo. Wǒmen mǎi.

_____

3. 你这星期去参观工厂。你下星期去参观工厂。

   Nǐ zhè xīngqī qù cānguān gōngchǎng. Nǐ xià xīngqī qù cānguān gōngchǎng.

   _____

4. 你要找我。请你到会议室来。 Nǐ yào zhǎo wǒ. Qǐng nǐ dào huìyìshì lái.

   _____

5. 中文很难。会说中文很有用。

   Zhōngwén hěn nán. Huì shuō Zhōngwén hěn yǒu yòng.

   _____

6. 你不认识他。我给你们介绍介绍。

   Nǐ bú rènshi tā. Wǒ gěi nǐ men jièshào jièshao.

   _____

7. 他要去机场。他要去火车站。 Tā yào qù jīchǎng. Tā yào qù huǒchēzhàn.

   _____

8. 今天不方便。明天吧。 Jīntiān bù fāngbiàn. Míngtiān ba.

   _____

9. 你不喜欢喝茶。你喝咖啡。 Nǐ bù xǐhuan hē chá. Nǐ hē kāfēi.

   _____

10. 我看不懂京剧。京剧很有意思。 Wǒ kàn bu dǒng Jīngjù. Jīngjù hěn yǒu yìsi.

   _____

3. **Match the questions on the left with the appropriate answers on the right.**

( ) 1. 你们约了几点见面?

( ) 2. 你喜欢看杂技还是京剧?

( ) 3. 你明天约了谁?

( ) 4. 你喝过燕京啤酒吗?

( ) 5. 我们出去轻松一下，
你有什么建议吗?

( ) 6. 晚上你有空吗?

( ) 7. 他的中文，你听得懂吗?

( ) 8. 今天我们一块儿去吃午饭，
怎么样?

A: 我约了林小姐。

B: 我们去酒吧喝酒，怎么样?

C: 好啊。去哪儿吃?

D: 没有，可是我一直想尝一尝。

E: 我比较喜欢京剧。

F: 我们约了早上九点见面。

G: 我没空。

H: 他说得太快，我听不懂。

( ) 1. Nǐmen yuē le jǐ diǎn jiàn miàn?

( ) 2. Nǐ xǐhuan kàn zájì háishi Jīngjù?

( ) 3. Nǐ míngtiān yuē le shéi?

( ) 4. Nǐ hē guò Yànjīng píjiǔ ma?

( ) 5. Wǒmen chūqù qīngsōng yíxià,
nǐ yǒu shénme jiànyì ma?

( ) 6. Wǎnshang nǐ yǒu kòng ma?

( ) 7. Tā de Zhōngwén, nǐ tīng de dǒng ma?

( ) 8. Jīntiān wǒmen yíkuàir qù chī wǔfàn,
zěnmeyàng?

A: Wǒ yuē le Lín Xiǎojie.

B: Wǒmen qù jiǔba hē jiǔ, zěnmeyàng?

C: Hǎo a. Qù nǎr chī?

D: Méiyǒu, kěshì wǒ yìzhí xiǎng cháng yi cháng.

E: Wǒ bǐjiào xǐhuan Jīngjù.

F: Wǒmen yuē le zǎoshang jiǔ diǎn jiàn miàn.

G: Wǒ méi kòng.

H: Tā shuō de tài kuài, wǒ tīng bu dǒng.

4. **Complete the following conversations.**

1. A: 你听得懂普通话吗?   Nǐ tīng de dǒng pǔtōnghuà ma?

   B: 简单的 _____, 难的还 _____。

   Jiǎndān de_____, nán de hái_____.

2. A: 你看得懂日文吗?   Nǐ kàn de dǒng Rìwén ma?

   B: 我没有学过日文，我 _____。

   Wǒ méiyǒu xué guò Rìwén, wǒ _____.

3. A: 你找得到会议室吗? Nǐ zhǎo de dào huìyìshì ma?

    B: 当然，我去过那儿，我 _____。

    Dāngrán, wǒ qù guò nàr, wǒ _____.

4. A: 你听得见那个人说话吗? Nǐ tīng de jiàn nà ge rén shuō huà ma?

    B: 太远了，我 _____。 Tài yuǎn le, wǒ _____.

5. A: 你买得到去青岛的飞机票吗? Nǐ mǎi de dào qù Qīngdǎo de fēijīpiào ma?

    B: 没问题，Méi wèntí, _____.

5. Give the Chinese equivalents for the following sentences.

1. This problem is rather difficult.

    _____

2. Is the new factory in Suzhou larger than the one in Shanghai?

    _____

3. Although they are busy this week, they still would like to talk with us.

    _____

4. Can you read and understand Chinese newspapers?

    _____

5. Are you able to buy American groceries here?

    _____

6. The conference hall is too big. People sitting in the back cannot see clearly.

    _____

7. Can you find the general manager right away?

    _____

8. I'm afraid I won't be able to come back to Beijing next week.

    _____

9.   If we are late, we won't be able to buy the tickets.

_____

10.   If you have spare time, what would you like to do?

_____

11.   I prefer to play baseball.

_____

12.   I have always wanted to see that movie.

_____

6. **You have some free time in the evening. Ask someone to help you buy tickets to a cultural event such as Beijing Opera or acrobatics.**

_____

_____

_____

_____

Unit **10.1**

Exercises

1. Insert the words in parentheses into the appropriate places within the sentences, and then give the English equivalents.

1. 他学了两年的中文了，他都听得懂。 (应该)

   Tā xué le liǎng nián de Zhōngwén le, tā dōu tīng de dǒng. (yīnggāi)

   _____

2. 北京人多，上海人多。 (更)

   Běijīng rén duō, Shànghǎi rén duō. (gèng)

   _____

3. 他不坐地铁。 (常) Tā bú zuò dìtiě. (cháng)

   _____

4. 你锻炼身体吗? (经常) Nǐ duànliàn shēntǐ ma? (jīngcháng)

   _____

5. 他们会去天安门广场。 (先)

   Tāmen huì qù Tiān'ānmén Guǎngchǎng. (xiān)

   _____

6. 北京不会太冷。 (这个时候)

   Běijīng bú huì tài lěng. (zhè ge shíhou)

   _____

7. 要是你对表演有兴趣，你可以去看看。　　(的话)

Yàoshi nǐ duì biǎoyǎn yǒu xìngqù, nǐ kěyǐ qù kànkan.　　(dehuà)

_____

8. 他不知道这儿的地址。　(可能)　Tā bù zhīdào zhèr de dìzhǐ. (kěnéng)

_____

9. 如果你喜欢吃辣，我们去吃四川菜吧!　(就)

Rúguǒ nǐ xǐhuan chī là, wǒmen qù chī Sìchuāncài ba!　　(jiù)

_____

10. 我们应该不会迟到。　(吧)　Wǒmen yīnggāi bú huì chídào. (ba)

_____

2. **Complete the following sentences.**

1. 要是长安街不堵车的话，_____。

Yàoshi Cháng'ānjiē bù dǔ chē dehuà, _____.

2. 我们去饭店接了你，_____。

Wǒmen qù fàndiàn jiē le nǐ, _____.

3. 我们先约个时间，_____。

Wǒmen xiān yuē ge shíjiān, _____.

4. 现在太晚了，他可能 _____。

Xiànzài tài wǎn le, tā kěnéng _____.

5. 他说得很清楚，你应该 _____。

Tā shuó de hěn qīngchu, nǐ yīnggāi _____.

3. Compare the following pairs or groups of sentences and briefly explain in English how they differ in meaning.

1. 他不经常在公司。 Tā bù jīngcháng zài gōng sī.

   他经常不在公司。 Tā jīngcháng bú zài gōngsī.

   _____

2. 走四环很快。 Zǒu Sìhuán hěn kuài.

   走四环更快。 Zǒu Sìhuán gèng kuài.

   走四环比较快。 Zǒu Sìhuán bǐjiào kuài.

   _____

3. 问题不大。 Wèntí bú dà.

   问题不会太大。 Wèntí bú huì tài dà.

   问题应该不会太大。 Wèntí yīnggāi bú huì tài dà.

   _____

4. 你一来，我们就去接他。 Nǐ yì lái, wǒmen jiù qù jiē tā.

   你先来，我们再去接他。 Nǐ xiān lái, wǒmen zài qù jiē tā.

   _____

5. 她上哪儿了？ Tā shàng nǎr le?

   她到哪儿去了？ Tā dào nǎr qù le?

   _____

6. 她可能是新来的同事。 Tā kěnéng shì xīn lái de tóngshì.

   她应该是新来的同事。 Tā yīnggāi shì xīn lái de tóngshì.

   她一定是新来的同事。 Tā yídìng shì xīn lái de tóngshì.

   _____

7. 二环太堵了。 Èrhuán tài dǔ le.

   二环堵得很厉害。 Èrhuán dǔ de hěn lìhai.

   _____

8. 他可能对这个项目没有信心。

Tā kěnéng duì zhè ge xiàngmù méiyǒu xìnxīn.

他不可能对这个项目没有信心。

Tā bù kěnéng duì zhè ge xiàngmù méiyǒu xìnxīn.

---

4. Complete the following conversations.

1. A: 这种果汁怎么样? Zhè zhǒng guǒzhī zěnmeyàng?

    B: _____ 。

2. A: 您上 _____? Nín shàng_____?

    B: 我上街。

    A: _____?

    B: 对，去买点东西。 Duì, qù mǎi diǎn dōngxi.

3. A: 三环比四环更堵吗? Sānhuán bǐ Sìhuán gèng dǔ ma?

    B: _____ 。

4. A: 北京人民医院在哪儿? Běijīng Rénmín Yīyuàn zài nǎr?

    B: _____ 。

    A: 离这儿远吗? Lí zhèr yuǎn ma?

    B: _____ 。

5. A: 这个报告 _____? Zhè ge bàogào _____?

    B: 是小李写的。 Shì Xiǎo Lǐ xiě de.

    A: 他写得 _____? Tā xiě de _____?

    B: 写得非常有意思。 Xiě de fēicháng yǒu yìsi.

6. A: 我们坐出租车去邮局，怎么样?

        Wǒmen zuò chūzūchē qù yóujú, zěnmeyàng?

    B: _____ 。

7. A: 对不起，长安街堵车，我们迟到了。

    Duìbuqǐ, Cháng'ānjiē dǔ chē, wǒmen chídào le.

    B: _____ 。

5. Give the Chinese equivalents for the following sentences.

1. If there is no traffic, we should not be late.

    _____

2. They should know about this matter already.

    _____

3. Last year our company's business was very good; this year it is even better.

    _____

4. How good are their company's products?

    _____

5. We will go to Tiananmen Square first, and then go to Beihai park.

    _____

6. This dish is not very spicy; you will probably like it.

    _____

7. It is impossible that he did not know we had a meeting yesterday.

    _____

8. I want to go to the restroom; where is it?

    _____

9. We'll listen to his presentation first, and then tour the plant.

    _____

10. If we take the subway, we shouldn't be late.

    _____

6. Imagine that you are in a taxi. Tell the taxi driver where you want to go and ask about the road conditions. Then decide how to get your destination.

_____

_____

_____

_____

Unit **10.2**

Exercises

1. Insert the words in parentheses into the appropriate places within the sentences, and then give the English equivalents.

1. 李经理今天不在，请你明天来，好吗？　(再)

    Lǐ Jīnglǐ jīntiān bú zài, qǐng nǐ míngtiān lái, hǎo ma?　　(zài)

    _____

2. 如果你们没听懂，我就再解释。　(一遍)

    Rúguǒ nǐmen méi tīng dǒng, wǒ jiù zài jiěshì.　　(yí biàn)

    _____

3. 这个计划请你再看，行吗？　　(一次)

    Zhè ge jìhuà qǐng nǐ zài kàn, xíng ma?　　(yí cì)

    _____

4. 从这里一直走一公里。　　(向东)

    Cóng zhèli yìzhí zǒu yì gōnglǐ.　　(xiàng dōng)

    _____

5. 看到红绿灯左拐。　　(一... ...就... ...)

    Kàn dào hónglǜdēng zuǒ guǎi.　　(yī...jiù...)

    _____

6. 从这儿走三公里，就到了。 (一直)

Cóng zhèr zǒu sān gōnglǐ, jiù dào le. (yìzhí)

_____

7. 你一直向前走，到路口再拐弯。(向右)

Nǐ yìzhí xiàng qián zǒu, dào lùkǒu zài guǎi wān. (xiàng yòu)

_____

8. 你要做几个小时？ (还) Nǐ yào zuò jǐ ge xiǎoshí? (hái)

_____

9. 这个电影很好看，我们都还想再看。 (一遍)

Zhè ge diànyǐng hěn hǎokàn, wǒmen dōu hái xiǎng zài kàn. (yí biàn)

_____

10. 我想认识他。 (一直) Wǒ xiǎng rènshi tā. (yìzhí)

_____

2. Complete the following conversations.

1. A: 请问，从这里去邮局 _____?

Qǐng wèn, cóng zhèli qù yóujú _____ ?

B: 差不多一公里。 Chàbuduō yì gōnglǐ.

A: _____ 走? _____ zǒu?

B: 从这里一直 _____ 北走，_____ 四个路口就 _____ 了。

Cóng zhèli yìzhí _____ běi zǒu, _____ sì ge lùkǒu jiù _____ le.

2. A: 东方广场 _____? Dōngfāng Guǎngchǎng _____ ?

B: 就在那儿，看 _____ 了吗？ Jiù zài nàr, kàn _____ le ma?

A: 看见了，谢谢! Kàn jiàn le, xièxie!

3. A: 中国银行在长安街的 _____?

    Zhōngguó Yínháng zài Cháng'ānjiē de _____ ?

    B: 在右边。Zài yòu biān.

    A: 还要走 _____? Hái yào zǒu _____ ?

    B: 大概五分钟。Dàgài wǔ fēnzhōng.

4. A: 他的解释你都听懂了吗? Tā de jiěshì nǐ dōu tīng dǒng le ma?

    B: 他说得很清楚，我都 _____。

    Tā shuō de hěn qīngchu, wǒ dōu _____ .

5. A: 昨天晚上你看见张经理了吗?

    Zuótiān wǎnshang nǐ kàn jiàn Zhāng Jīnglǐ le ma?

    B: 人太多，我 _____ 他。Rén tài duō, wǒ _____ tā.

6. A: 听说他买到了那台笔记本电脑。

    Tīngshuō tā mǎi dào le nà tái bǐjìběn diànnǎo.

    B: 是的，他昨天 _____。Shì de, tā zuótiān _____ .

7. A: 你找到那份文件了吗? Nǐ zhǎo dào nà fèn wénjiàn le ma?

    B: 还没 _____。Hái méi _____ .

8. A: 他的报告你看懂了吗? Tā de bàogào nǐ kàn dǒng le ma?

    B: 我看了两遍，还是没 _____ 他的意思。

    Wǒ kàn le liǎng biàn, hái shì méi _____ tā de yìsi.

3. Complete the following conversations with 离 lí, 在 zài, 转 zhuǎn, 走 zǒu, 去 qù, or 向 xiàng.

1. 东方广场 _____ 天安门有多远?

    Dōngfāng Guǎngchǎng _____ Tiān'ānmén yǒu duō yuǎn?

2. 那家商店 _____ 中国银行的左边。

    Nà jiā shāngdiàn _____ Zhōngguó Yínháng de zuǒ biān.

3. 怎么 _____ 天安门广场?

Zěnme _____ Tiān'ānmén Guǎngchǎng?

4. 去北京饭店怎么 _____?

Qù Běijīng Fàndiàn zěnme _____?

5. 在前面的红绿灯右 _____,就到了。

Zài qiánmiàn de hónglǜdēng yòu _____, jiù dào le.

6. 从这里一直 ____ 北走。

Cóng zhèli yìzhí _____ běi zǒu.

4. **Give the Chinese equivalents for the following sentences.**

1. I would like to go to the Great Wall one more time.

   _____

2. How do I get to the airport from here?

   _____

3. First from here go straight ahead, and then make a left turn at the intersection.

   _____

4. How do you know that he has already come?

   _____

5. I've been busy lately; I have not sent him an e-mail yet.

   _____

6. Do you know if he has found a job yet?

   _____

7. He spoke too fast; I did not understand his presentation.

   _____

8. If you are still unclear, I can ask him to explain it one more time.

   _____

9. I did not see the secretary all day today; she probably did not come to work.

   _____

10. Did you buy that magazine?

   _____

5. **Create a map from your home to your workplace. Then give instructions, based on the map, of how to get from one place to the other.**

   _____

   _____

   _____

   _____

Unit **11.1**

Exercises

1. **Complete the following sentences by choosing between 刚 gāng and 刚好 gānghǎo. Then give the English equivalents.**

1. 他下午 _____ 没事，你可以去找他。

   Tā xiàwǔ _____ méi shì, nǐ kěyǐ qù zhǎo tā.

2. 他 _____ 走，你明天再来吧。

   Tā _____ zǒu, nǐ míngtiān zài lái ba.

3. 我 _____ 也要去餐厅吃午饭，我们一起去吧。

   Wǒ _____ yě yào qù cāntīng chī wǔfàn, wǒmen yìqǐ qù ba.

4. 我 _____ 来，我什么都不知道。

   Wǒ _____ lái, wǒ shénme dōu bù zhīdào.

5. 听说他们 _____ 结婚。 Tīngshuō tāmen _____ jié hūn.

2. **Complete the following sentences by choosing the best option from among 请 qǐng, 叫 jiào, or 问 wèn. Then give the English equivalents.**

1. 你去 _____ 他要不要跟我们一块儿去买东西？

   Nǐ qù _____ tā yào bú yào gēn wǒmen yíkuàir qù mǎi dōngxi?

2. 我想 _____ 他吃饭。 Wǒ xiǎng _____ tā chī fàn.

3. 小张，王总 _____ 你马上去会议室帮忙。

Xiǎo Zhāng, Wáng Zǒng _____ nǐ mǎshàng qù huìyìshì bāngmáng.

4. 这个问题我不懂，我得_____他。

Zhè ge wèntí wǒ bu dǒng, wǒ děi _____ tā.

5. 可不可以 _____ 老师再说明一下。

Kě bù kěyǐ _____ lǎoshī zài shuōmíng yíxià.

6. 如果你们有问题的话，可以来_____我。

Rúguǒ nǐmen yǒu wèntí dehuà, kěyǐ lái _____ wǒ.

3. **Compare the following pairs or groups of sentences and briefly explain in English how they differ in meaning.**

1. 他刚好出去。 Tā gānghǎo chūqu.

   他刚出去。 Tā gāng chūqu.

   _____

2. 他应该去分公司看看。 Tā yīnggāi qù fēngōngsī kànkan.

   他会去分公司看看。 Tā huì qù fēngōngsī kànkan.

   他要去分公司看看。 Tā yào qù fēngōngsī kànkan.

   他想去分公司看看。 Tā xiǎng qù fēngōngsī kànkan.

   _____

3. 我应该陪他去。 Wǒ yīnggāi péi tā qù.

   我可以陪他去。 Wǒ kěyǐ péi tā qù.

   我会陪他去。 Wǒ huì péi tā qù.

   _____

4. 我想去市场买些菜。 Wǒ xiǎng qù shìchǎng mǎi xiē cài.

   我想去市场买点菜。 Wǒ xiǎng qù shìchǎng mǎi diǎn cài.

   _____

5. 坐出租车要一刻钟。 Zuò chūzūchē yào yí kè zhōng.

坐出租车大概一刻钟。 Zuò chūzūchē dàgài yí kè zhōng.

坐出租车大概一刻钟吧。 Zuò chūzūchē dàgài yí kè zhōng ba.

---

6. 你叫他马上准备文件。 Nǐ jiào tā mǎshàng zhǔnbèi wénjiàn.

你请他马上准备文件。 Nǐ qǐng tā mǎshàng zhǔnbèi wénjiàn.

---

7. 这件事麻烦极了。 Zhè jiàn shì máfan jí le.

这件事太麻烦了。 Zhè jiàn shì tài máfan le.

这件事挺麻烦。 Zhè jiàn shì tǐng máfan.

---

8. 来中国以前，你喝过白酒吗？

来中国以后，你喝过白酒吗？

Lái Zhōngguó yǐqián, nǐ hē guò báijiǔ ma?

Lái Zhōngguó yǐhòu, nǐ hē guò báijiǔ ma?

---

9. 我应该怎么说明？ Wǒ yīnggāi zěnme shuōmíng?

我应该说明什么？ Wǒ yīnggāi shuōmíng shénme?

---

10. 那些产品是在哪儿生产的？ Nàxiē chǎnpǐn shì zài nǎr shēngchǎn de?

哪些产品是在那儿生产的？ Nǎxiē chǎnpǐn shì zài nàr shēngchǎn de?

---

4. **Insert the words in parentheses into the appropriate places within the sentences, and then give the English equivalents. (Note: some sentences may need to be restructured.)**

1. 你看过杂技吗？ （以前）

   Nǐ kàn guò zájì ma?　　（yǐqián）

   _____

2. 我要去商店买东西。　　（一些）

   Wǒ yào qù shāngdiàn mǎi dōngxi.　　（yìxiē）

   _____

3. 我们去天坛。　（怎么）　Wǒmen qù Tiāntán. (zěnme)

   _____

4. 我以后跟你联系。　（怎么）　Wǒ yǐhòu gēn nǐ liánxì. (zěnme)

   _____

5. 会不会麻烦他呢？　（太）　Huì bú huì máfan tā ne? (tài)

   _____

6. 那个时候你也在南京吗？　（刚好）

   Nà ge shíhou nǐ yě zài Nánjīng ma?　　（gānghǎo）

   _____

7. 从饭店到机场有多远？　　（大约）

   Cóng fàndiàn dào jīchǎng yǒu duō yuǎn?　　（dàyuē）

   _____

8. 我跟你去，好吗？　（可以）　Wǒ gēn nǐ qù, hǎo ma? (kěyǐ)

   _____

9. 要是我们现在就走，不会迟到吧。　（应该）

   Yàoshi wǒmen xiànzài jiù zǒu, bú huì chídào ba.　　（yīnggāi）

   _____

10. 他找到工作了，他非常兴奋。 （极了）

Tā zhǎo dào gōngzuò le, tā fēicháng xīngfèn. (jí le)

_____

5. Create sentences using the following adverbs.

1. 很 hěn

_____

2. 挺 tǐng

_____

3. 非常 fēicháng

_____

4. 太......了 tài...le

_____

5. 极了 jí le

_____

6. Give the Chinese equivalents for the following sentences.

1. I know he has been extremely busy recently.

_____

2. I will go ask some workers to come help.

_____

3. If you want to go to China to do business, you should learn more Chinese.

_____

4. Why don't you come to my home for dinner? I'll ask my husband to fix us some great tasting food.

_____

5. I need to ask my boss before I decide where to take our employees for the company dinner.

_____

6. If we are still not quite clear, whom should we ask?

_____

7. Do you still want these vases?

_____

8. His health is not too good; he should not smoke.

_____

9. Is this new jewelry marketable in the United States?

_____

10. Before I came to China, I rarely ate Chinese food.

_____

11. Tomorrow night I will be tired because I have meetings from the morning until the evening.

_____

12. Five years ago we came to China to build the factory.

_____

7. Ask a coworker the best place to buy a particular product. Tell your coworker what you want to buy and how much money you are willing to spend. Then ask how to get there.

_____

_____

_____

_____

Unit **11.2**

Exercises

1. **Compare the following pairs or groups of sentences and briefly explain in English how they differ in meaning.**

1. 我还没写合资计划的方案。
   我还没写完合资计划的方案。

   Wǒ hái méi xiě hézī jìhuà de fāng'àn.

   Wǒ hái méi xiě wán hézī jìhuà de fāng'àn.

   _____

2. 你做那个项目了吗？ Nǐ zuò nà ge xiàngmù le ma?
   你那个项目做完了吗？ Nǐ nà ge xiàngmù zuò wán le ma?

   _____

3. 他结婚了。　 Tā jié hūn le.
   他快结婚了。　 Tā kuài jié hūn le.
   他还没结婚呢。 Tā hái méi jié hūn ne.

   _____

4. 我想买件礼物送她。 Wǒ xiǎng mǎi jiàn lǐwù sòng tā.
   我得买件礼物送她。 Wǒ děi mǎi jiàn lǐwù sòng tā.

   _____

5. 我很喜欢中国字画。 Wǒ hěn xǐhuan Zhōngguó zìhuà.

   我比较喜欢中国字画。 Wǒ bǐjiào xǐhuan Zhōngguó zìhuà.

   我更喜欢中国字画。 Wǒ gèng xǐhuan Zhōngguó zìhuà.

   我非常喜欢中国字画。 Wǒ fēicháng xǐhuan Zhōngguó zìhuà.

---

6. 那儿的商店卖什么？ Nàr de shāngdiàn mài shénme?

   那儿的商店什么都卖吗？ Nàr de shāngdiàn shénme dōu mài ma?

---

7. 你开始找工作了吗？ Nǐ kāishǐ zhǎo gōngzuò le ma?

   你已经找到工作了吗？ Nǐ yǐjīng zhǎo dào gōngzuò le ma?

   你还没找到工作吗？ Nǐ hái méi zhǎo dào gōngzuò ma?

---

8. 你会坐地铁还是出租车去？ Nǐ huì zuò dìtiě háishi chūzūchē qù?

   你可以坐地铁或者出租车去。 Nǐ kěyǐ zuò dìtiě huòzhě chūzūchē qù.

---

9. 除了总经理，还有谁知道这件事？

   除了总经理，没有人知道这件事吗？

   Chúle zǒngjīnglǐ, hái yǒu shuí zhīdào zhè jiàn shì?

   Chúle zǒngjīnglǐ, méiyǒu rén zhīdào zhè jiàn shì ma?

---

10. 他要我帮忙吗？ Tā yào wǒ bāngmáng ma?

    他需要我帮忙吗？ Tā xūyào wǒ bāngmáng ma?

---

11. 你还要买那件工艺品吗？ Nǐ hái yào mǎi nà jiàn gōngyìpǐn ma?

    你只要买那件工艺品吗？ Nǐ zhǐ yào mǎi nà jiàn gōngyìpǐn ma?

---

2. **Insert the words in parentheses into the appropriate places in the sentences, and then give the English equivalents.**

1. 他走了吗？ （快） Tā zǒu le ma? (kuài)

   _____

2. 你们有什么事需要跟工程师商量吗？ （还）

   Nǐmen yǒu shénme shì xūyào gēn gōngchéngshī shāngliang ma? (hái)

   _____

3. 上哪儿去呢？ （好） Shàng nǎr qù ne? (hǎo)

   _____

4. 你买那件古董了吗？ （到） Nǐ mǎi nà jiàn gǔdǒng le ma? (dào)

   _____

5. 昨天晚上我看到他。 （没） Zuótiān wǎnshang wǒ kàn dào tā. (méi)

   _____

6. 我得买家具。 （一些） Wǒ děi mǎi jiājù. (yìxiē)

   _____

7. 这些礼物都是他带来的吗？ （回） Zhè xiē lǐwù dōu shì tā dài lái de ma? (huí)

   _____

8. 我想买一些古董家具。 （回去） Wǒ xiǎng mǎi yìxiē gǔdǒng jiājù. (huíqu)

   _____

9. 王府井有书店，也有咖啡店。 （除了......以外）

   Wángfǔjǐng yǒu shūdiàn, yě yǒu kāfēidiàn. (chúle…yǐwài)

   _____

10. 那份财务报告你看了吗？我可以看吗? （完） （一下）

    Nà fèn cáiwù bàogào nǐ kàn le ma? Wǒ kěyǐ kàn ma? (wán) (yíxià)

    _____

3. **Answer the questions with negative statements.**

Example:

你听得懂吗？ Nǐ tīng de dǒng ma?

我听不懂。 <u>Wǒ tīng bu dǒng.</u>

1. A: 琉璃厂买得到字典吗？ Liúlichǎng mǎi de dào zìdiǎn ma?

    B: _____ 。

2. A: 你需要打电话回家给太太吗？ Nǐ xūyào dǎ diànhuà huí jiā gěi tàitai ma?

    B: _____ 。

3. A: 你们明天还得和他讨论吗？ Nǐmen míngtiān hái děi hé tā tǎolùn ma?

    B: _____ 。

4. A: 这个会今天下午开得完吗？ Zhè ge huì jīntiān xiàwǔ kāi de wán ma?

    B: _____ 。

5. A: 你要买些珠宝带回国吗？ Nǐ yào mǎi xiē zhūbǎo dài huí guó ma?

    B: _____ 。

6. A: 那里有很多商店吗？ Nàli yǒu hěn duō shāngdiàn ma?

    B: _____ 。

4. **Rewrite the following sentences using 除了 … … 以外 chúle…yǐwài to express the notion of inclusion or exclusion.**

Example:

我喜欢古董，我也喜欢中国画。→
除了古董以外，我也喜欢中国画。

Wǒ xǐhuan gǔdǒng, wǒ yě xǐhuan Zhōngguóhuà. → Chúle gǔdǒng yǐwài, wǒ yě xǐhuan Zhōngguóhuà.

我只喜欢古董。→ 除了古董，我什么都不喜欢。

Wǒ zhǐ xǐhuan gǔdǒng. → Chúle gǔdǒng, wǒ shénme dōu bù xǐhuan.

1. 他喜欢慢跑，他还喜欢打球。 Tā xǐhuan mànpǎo, tā hái xǐhuan dǎ qiú.

   _____

2. 我只喜欢玩电脑。 Wǒ zhǐ xǐhuan wán diànnǎo.

   _____

3. 我们公司在中国有独资，还有合资项目。

   Wǒmen gōngsī zài Zhōngguó yǒu dúzī, hái yǒu hézī xiàngmù.

   _____

4. 我只去过秀水市场。 Wǒ zhǐ qù guò Xiùshuǐ Shìchǎng.

   _____

5. 他喝果汁，也喝红茶。 Tā hē guǒzhī, yě hē hóngchá.

   _____

5. Complete the following conversation.

   A: 你这次要 _____ 出差？

   Nǐ zhè cì yào _____ chū chāi?

   B: 我先去广州，_____ 香港。

   Wǒ xiān qù Guǎngzhōu, _____ Xiānggǎng.

   A: _____？

   B: 大概半个月。 Dàgài bàn ge yuè.

   A: 出差很累，你要 _____。

   Chū chāi hěn lèi, nǐ yào _____.

   B: 谢谢你，我一定会小心。你要我买什么东西回来吗？

   Xièxie nǐ, wǒ yídìng huì xiǎoxīn. Nǐ yào wǒ mǎi shénme dōngxi huílai ma?

   A: _____。

   B: 不麻烦，您 _____ 客气。 Bù máfan, nín _____ kèqi.

6. **Give the Chinese equivalents for the following sentences.**

1. Today I plan to invite a few clients for dinner. Which restaurant would be best?

   _____

2. Her birthday is coming soon; what would be the best gift to give her?

   _____

3. I've already finished writing the financial report, but I need to ask the manager to review it one more time.

   _____

4. How long do you need to finish this business plan?

   _____

5. This project requires a lot of money; I must consult with my boss.

   _____

6. If you are interested in Chinese paintings, you should either go to The Scholars Market or The Dirt Market.

   _____

7. In addition to Manager Li, the lawyer should also come to the meeting.

   _____

8. Besides Beijing Opera, do you also like plays?

   _____

9. He does not like anything except Chinese food.

   _____

10. Will this project be over soon?

    _____

11. Would you like to go to a bar to have a drink after we finish dinner?

    _____

12. This problem is very troublesome; we probably cannot finish the meeting before noon.

    _____

7. You are in a large market buying gifts for friends. Explain what gifts you are buying for whom, and comment on why you have chosen each gift for each person.

_____

_____

_____

_____

Unit **12.1**

Exercises

1. **Compare the following pairs or groups of sentences and briefly explain in English how they differ in meaning.**

1. 我很高兴他们合作得非常顺利。
    我很高兴他们合作得那么顺利。

    Wǒ hěn gāoxìng tāmen hézuò de fēicháng shùnlì.
    Wǒ hěn gāoxìng tāmen hézuò de nàme shùnlì.

    _____

2. 他已经回大连了吗？ Tā yǐjīng huí Dàlián le ma?

    他快回大连了吗？ Tā kuài huí Dàlián le ma?

    他后天就要回大连了吗？ Tā hòutiān jiù yào huí Dàlián le ma?

    _____

3. 他让我写一份报告。 Tā ràng wǒ xiě yí fèn bàogào.

    他叫我写一份报告。 Tā jiào wǒ xiě yí fèn bàogào.

    他请我写一份报告。 Tā qǐng wǒ xiě yí fèn bàogào.

    _____

4. 谁让你们来的？ Shéi ràng nǐmen lái de?

    谁叫你们来的？ Shéi jiào nǐmen lái de?

    _____

5. 明天中午就要签合同了。 Míngtiān zhōngwǔ jiù yào qiān hétong le.

    明天中午就签合同了。 Míngtiān zhōngwǔ jiù qiān hétong le.

明天中午才会签合同。Míngtiān zhōngwǔ cái huì qiān hétong.

---

6. 下次你能带我一起去超市吗？ Xià cì nǐ néng dài wǒ yìqǐ qù chāoshì ma?

    下次你能跟我一起去超市吗？ Xià cì nǐ néng gēn wǒ yìqǐ qù chāoshì ma?

    下次你能陪我一起去超市吗？ Xià cì nǐ néng péi wǒ yìqǐ qù chāoshì ma?

---

7. 你明年什么时候去重庆？ Nǐ míngnián shénme shíhou qù Chóngqìng?

    你明年什么时候再去重庆？ Nǐ míngnián shénme shíhou zài qù Chóngqìng?

---

8. 我打算多学习中国的文化。Wǒ dǎsuàn duō xuéxí Zhōngguó de wénhuà.

    我希望多学习中国的文化。Wǒ xīwàng duō xuéxí Zhōngguó de wénhuà.

---

9. 这个项目做得真好。 Zhè ge xiàngmù zuò de zhēn hǎo.

    这个项目做得太好了。 Zhè ge xiàngmù zuò de tài hǎo le.

    这个项目做得好极了。 Zhè ge xiàngmù zuò de hǎo jí le.

---

10. 我先看看他的表现好不好。 Wǒ xiān kànkan tā de biǎoxiàn hǎo bù hǎo.

    我看他的表现挺好。 Wǒ kàn tā de biǎoxiàn tǐng hǎo.

---

11. 下个路口不让右拐。 Xià ge lùkǒu bú ràng yòu guǎi.

    下个路口不可以右拐。 Xià ge lùkǒu bù kěyǐ yòu guǎi.

---

12. 他不一定会支持我们。 Tā bù yídìng huì zhīchí wǒmen.

    他一定不会支持我们。 Tā yídìng bú huì zhīchí wǒmen.

---

2. Insert the words in parentheses into the appropriate places in the sentences, and then give the English equivalents. (Note: some sentences may need to be restructured.)

1. 你明天就签合同了，需要的文件都准备了吗？ （要）

   Nǐ míngtiān jiù qiān hétong le, xūyào de wénjiàn dōu zhǔnbèi le ma? （yào）

   _____

2. 他下星期要退休了，我想送他一件礼物。 （就）

   Tā xià xīngqī yào tuìxiū le, wǒ xiǎng sòng tā yí jiàn lǐwù. （jiù）

   _____

3. 你的中文说得很好，你是怎么学的？ （这么）

   Nǐ de Zhōngwén shuō de hěn hǎo, nǐ shì zěnme xué de? （zhème）

   _____

4. 我下次打算带我太太来中国。 （一块儿）

   Wǒ xià cì dǎsuàn dài wǒ tàitai lái Zhōngguó. （yíkuàir）

   _____

5. 你给我这么多帮助，太感谢你了。 （真）

   Nǐ gěi wǒ zhème duō bāngzhù, tài gǎnxiè nǐ le. （zhēn）

   _____

6. 他很能干。 （我看）

   Tā hěn nénggàn. （wǒ kàn）

   _____

3. Use 对 duì to make sentences.

Example:

他对我很好。 Tā duì wǒ hěn hǎo.

1. 对⋯ ⋯很感兴趣 duì...hěn gǎn xìngqù

   _____

2.　……对我很有用 ...duì wǒ hěn yǒu yòng

_____

3.　对……很有信心 duì...hěn yǒu xìnxīn

_____

4.　对……很关心 duì...hěn guān xīn

_____

4.　Complete the following sentences.

1.　李总下星期就要做报告了，他让我 _____

　　Lǐ Zǒng xià xīngqī jiù yào zuò bàogào le, tā ràng wǒ _____

2.　如果你们想多学习中国文化，我可以请 _____

　　Rúguǒ nǐmen xiǎng duō xuéxí Zhōngguó wénhuà, wǒ kěyǐ qǐng _____

3.　明天客户来开会讨论，老板叫市场部的经理 _____

　　Míngtiān kèhù lái kāi huì tǎolùn, lǎobǎn jiào shìchǎngbù de jīnglǐ _____

4.　这个问题比较难，我们请他 _____

　　Zhè ge wèntí bǐjiào nán, wǒmen qǐng tā _____

5.　他这几天身体不太好，让他 _____

　　Tā zhè jǐ tiān shēntǐ bú tài hǎo, ràng tā _____

6.　你看新来的秘书 _____

　　Nǐ kàn xīn lái de mìshū _____

7.　他们合作得那么好，我看这个项目 _____

　　Tāmen hézuò de nàme hǎo, wǒ kàn zhè ge xiàngmù _____

8.　请你带我 _____

　　Qǐng nǐ dài wǒ _____

9. 马上就要签合同了，总经理让我 _____

   Mǎshàng jiù yào qiān hétong le, zǒngjīnglǐ ràng wǒ _____

10. 请你介绍一下 _____

    Qǐng nǐ jièshào yíxià _____

5. Give the Chinese equivalents for the following sentences.

1. When will you come to China again?

   _____

2. If there is anything else you need help with, please don't hesitate to ask.

   _____

3. Our meeting went very smoothly. I think we will sign the contract as soon as next Monday.

   _____

4. Is he very polite to his colleagues?

   _____

5. He is very helpful to us, and I really appreciate it.

   _____

6. I think this new product is very marketable. What do you think?

   _____

7. After dinner, I like to watch TV for a while.

   _____

8. If you are too busy, you can hire a nanny to watch the kids for you.

   _____

9. Please bring the contract with you to our next meeting.

   _____

10. Sorry to make you wait.

    _____

6. You are returning to your home country from China. First express your gratitude to the host office and show your respect and appreciation to specific coworkers. Then tell your coworkers what you want them to do while you are not at the office. Finally, describe any future plans you may have for a return trip.

Unit **12.2**

Exercises

1. **Insert the words in parentheses into the appropriate places in the sentences, and then give the English equivalents.**

1. 我开车去机场。　(送你)　Wǒ kāi chē qù jīchǎng. (sòng nǐ)

    _____

2. 我们去车站吧!　(叫辆出租车)

    Wǒmen qù chēzhàn ba!　(jiào liàng chūzūchē)

    _____

3. 我的行李都还没收拾好。　(呢)

    Wǒ de xíngli dōu hái méi shōushi hǎo.　(ne)

    _____

4. 合资的文件都准备了吗?　(好)

    Hézī de wénjiàn dōu zhǔnbèi le ma?　(hǎo)

    _____

5. 看财务报告以后，我们再商量吧。　(完)

    Kàn cáiwù bàogào yǐhòu, wǒmen zài shāngliang ba.　(wán)

    _____

6. 我回国以后，会经常和你联系。(的)

    Wǒ huí guó yǐhòu, huì jīngcháng hé nǐ liánxì.　(de)

    _____

7. 上班以后，你会很忙的。　　（一定）

Shàng bān yǐhòu, nǐ huì hěn máng de.　　（yídìng）

_____

8. 你打电话来的时候，他正在会议室开会呢。　　（刚好）

Nǐ dǎ diànhuà lái de shíhou, wǒ zài huìyìshì kāi huì ne.　　（gānghǎo）

_____

9. 我什么都安排好了，您放心。　　（吧）

Wǒ shénme dōu ānpái hǎo le, nín fàng xīn.　　（ba）

_____

10. 我们去机场了。　　（打的）　　Wǒmen qù jīchǎng le. (dǎ dī)

_____

11. 他十月会再来。　　（份）　　Tā shíyuè huì zài lái. (fèn)

_____

2. **Complete the following sentences.**

1. 来中国以后，_____。

Lái Zhōngguó yǐhòu, _____.

2. 上班的时候，_____。

Shàng bān de shíhou, _____.

3. 他结婚以前，_____。

Tā jié hūn yǐqián, _____.

4. 你以前经常_____?

Nǐ yǐqián jīngcháng _____?

5. 我以后想_____。

Wǒ yǐhòu xiǎng _____.

3. **Compare the following pairs or groups of sentences and briefly explain in English how they differ in meaning.**

1. 晚饭做好了吗？   Wǎnfàn zuò hǎo le ma?

   晚饭还没做好吗？   Wǎnfàn hái méi zuò hǎo ma?

   晚饭还没做吗？   Wǎnfàn hái méi zuò ma?

   _____

2. 我们还来得及吗？   Wǒmen hái lái de jí ma?

   我们已经来不及了吗？   Wǒmen yǐjīng lái bu jí le ma?

   _____

3. 谁会喜欢这种手机呢？   Shéi huì xǐhuan zhè zhǒng shǒujī ne?

   谁都会喜欢这种手机吗？   Shéi dōu huì xǐhuan zhè zhǒng shǒujī ma?

   谁都会喜欢这种手机的。   Shéi dōu huì xǐhuan zhè zhǒng shǒujī de.

   _____

4. 公司的业务让你多费心了。   Gōngsī de yèwù ràng nǐ duō fèi xīn le.

   公司的业务请你多费心了。   Gōngsī de yèwù qǐng nǐ duō fèi xīn le.

   _____

5. 我一定经常跟他联系。   Wǒ yīdìng jīngcháng gēn tā liánxì.

   我应该经常跟他联系。   Wǒ yīnggāi jīngcháng gēn tā liánxì.

   _____

6. 建分厂的事他知道的。   Jiàn fēnchǎng de shì tā zhīdào de.

   建分厂的事他当然知道。   Jiàn fēnchǎng de shì tā dāngrán zhīdào.

   _____

4. **Complete the following conversation.**

   A: 你 _____ 走？   Nǐ _____ zǒu?

   B: 我这个周末就 _____ 了。   Wǒ zhè ge zhōumò jiù _____ le.

   A: 你 _____ 中国吗？   Nǐ _____ Zhōngguó ma?

B：会，今年我还会再来。Huì, jīnnián wǒ hái huì zài lái.

A：好极了，欢迎你再来，_____ 来呢？

Hǎo jí le, huānyíng nǐ zài lái, _____ lái ne?

B：九月份。Jiǔyuèfèn.

A：那是两个月以后吧。很 _____ 我们 _____ 可以再见面。

Nà shì liǎng ge yuè yǐhòu ba. Hěn _____ wǒmen _____ kěyǐ zài jiàn miàn.

B：我也很高兴。那我们那个时候再见。

Wǒ yě hěn gāoxìng, nà wǒmen nà ge shíhou zàijiàn.

5.   **Give the Chinese equivalents for the following sentences.**

1.   Who will take him to the train station?

_____

2.   The train tickets are all purchased; we will leave for the train station as soon as we get off work.

_____

3.   Your hotel is too far from here, I'll ask my driver to take you back.

_____

4.   Thank you for taking me to the airport.

_____

5.   (Since) you are about to leave, have you finished packing yet?

_____

6.   We should have enough time to go to the hotel to pick up Manager Wang first, and then take him to the airport.

_____

7.   I often went out for dinner with them when I was in Shanghai.

_____

8.   I met Manager Zhang while I was on a business trip in Hong Kong.

_____

9. Please do not call me after 10:30 p.m.

_____

10. They were having dinner when I called them last night.

_____

11. During the Chinese New Year, will the WOFEs give their employees "red envelopes?"

_____

12. Have you finished preparing all the documents?

_____

6. **You are saying farewell to your colleagues. Create a situation in which you would use the expressions "多费心 duō fèi xīn," "保持联系 bǎochí liánxì," "我会努力的 wǒ huì nǔlì de," and others.**

_____

_____

_____

_____

Listening Comprehension

2.1 Greetings and Salutations

Passage 1

王经理： 张先生，早上好。

张先生： 早上好，王经理，很高兴见到您。

王经理： 张先生，您是上海人吗?

张先生： 是，我是上海人。

王经理： 您太太也是上海人吗?

张先生： 不是，我太太是北京人。

Wáng Jīnglǐ:	Zhāng Xiānsheng, zǎoshang hǎo.
Zhāng Xiānsheng:	Zǎoshang hǎo, Wáng Jīnglǐ, hěn gāoxìng jiàndào nín.
Wáng Jīnglǐ:	Zhāng Xiānsheng, nín shì Shànghǎirén ma?
Zhāng Xiānsheng:	Shì, wǒ shì Shànghǎirén.
Wáng Jīnglǐ:	Nín tàitai yě shì Shànghǎirén ma?
Zhāng Xiānsheng:	Bú shì, wǒ tàitai shì Běijīngrén.

Questions: True-False

问题：是非题

1. 张太太是上海人。

2. 张先生不是北京人。

3. 张太太不是上海人。

4. 张先生很高兴见到王经理。

Wèntí: Shìfēití

1. Zhāng Tàitai shì Shànghǎirén.
2. Zhāng Xiānsheng bú shì Běijīngrén.
3. Zhāng Tàitai bú shì Shànghǎirén.
4. Zhāng Xiānsheng hěn gāoxìng jiàndào Wáng Jīnglǐ.

Passage 2

王经理：　早！

张先生：　王经理，早！

王经理：　张先生，你们公司的经理叫什么名字？

张先生：　他姓马，叫马大明。

王经理：　马经理是美国人吗？

张先生：　不是，马经理是法国人。

Wáng Jīnglǐ:	Zǎo!
Zhāng Xiānsheng:	Wáng Jīnglǐ, zǎo!
Wáng Jīnglǐ:	Zhāng Xiānsheng, nǐmen gōngsī de jīnglǐ jiào shénme míngzì?
Zhāng Xiānsheng:	Tā xìng Mǎ, jiào Mǎ Dàmíng.
Wáng Jīnglǐ:	Mǎ Jīnglǐ shì Měiguórén ma?
Zhāng Xiānsheng:	Bú shì, Mǎ Jīnglǐ shì Fǎguórén.

Questions: True-False

问题：是非题

1. 马经理是美国人。

2. 马大明是法国人。

3. 王经理早上见到马经理。

4. 张先生公司的经理不是美国人。

Wèntí: Shìfēití

1. Mǎ Jīnglǐ shì Měiguórén.
2. Mǎ Dàmíng shì Fǎguórén.
3. Wáng Jīnglǐ zǎoshang jiàndào Mǎ Jīnglǐ.
4. Zhāng Xiānsheng gōngsī de jīnglǐ bú shì Měiguórén.

Passage 3

张： 钱先生，您是北京人吗?

钱： 不，我是南京人，张先生，您呢?

张： 我是天津人。

钱： 您太太也是天津人吗?

张： 不是，她是北京人。

Zhāng:	Qián Xiānsheng, nín shì Běijīngrén ma?
Qián:	Bù, wǒ shì Nánjīngrén, Zhāng Xiānsheng, nín ne?
Zhāng:	Wǒ shì Tiānjīnrén.
Qián:	Nín tàitai yě shì Tiānjīnrén ma?
Zhāng:	Bú shì, tā shì Běijīngrén.

Questions: True-False

问题：是非题

1. 钱先生是北京人。

2. 张太太是南京人。

3. 张先生是天津人。

1. Qián Xiānsheng shì Běijīngrén.
2. Zhāng Tàitai shì Nánjīngrén.
3. Zhāng Xiānsheng shì Tiānjīnrén.

Passage 4

林：胡先生是你们公司的律师吗？

李：不是，他是我们公司的会计师。

林：李先生，你们公司的律师叫什么名字？

李：他叫吴天明。

Lín: Hú Xiānsheng shì nǐmen gōngsī de lǜshī ma?

Lǐ: Bú shì, tā shì wǒmen gōngsī de kuàijìshī.

Lín: Nà nǐmen gōngsī de lǜshī jiào shénme míngzì?

Lǐ: Tā jiào Wú Tiānmíng.

Questions: True-False

问题：是非题

1. 吴天明是会计师。
2. 李先生公司的律师姓胡。
3. 吴先生的名字叫天明。
4. 吴天明是律师。
5. 胡先生是会计师。

Wèntí: Shìfēití

1. Wú Tiānmíng shì kuàijìshī.
2. Nǐmen gōngsī de lǜshī xìng Hú.

3. Wú Xiānsheng de míngzì jiào Tiānmíng.
4. Wú Tiānmíng shì lǜshī.
5. Hú Xiānsheng shì kuàijìshī.

2.2 Getting Acquainted

Passage 1

刘：李先生，您认识张先生吗?

李：不认识，张先生是谁?

刘：他是我们公司人事部的经理。

李：他是什么地方人?

刘：他是西安人。

李：他的太太也是西安人吗?

刘：不，他的太太是广州人。

Liú:　Lǐ Xiānsheng, nín rènshi Zhāng Xiānsheng ma?

　Lǐ:　Bú rènshi, Zhāng Xiānsheng shì shéi?

Liú:　Tā shì wǒmen gōngsī rénshìbù de jnglǐ.

　Lǐ:　Tā shì shénme dìfang rén?

Liú:　Tā shì Xī'ānrén.

　Lǐ:　Tā de tàitai yě shì Xī'ānrén ma?

Liú:　Bù, tā de tàitai shì Guǎngzhōurén.

Questions

问题

1. 李先生认识张先生吗?

2. 张先生是不是经理?

3. 张先生是什么经理?

4. 张先生是什么地方人?

5. 张太太是西安人吗?

6. 谁的太太是广州人?

Wèntí

1. Lǐ Xiānsheng rènshi Zhāng Xiānsheng ma?
2. Zhāng Xiānsheng shì bú shì jīnglǐ?
3. Zhāng Xiānsheng shì shénme jīnglǐ?
4. Zhāng Xiānsheng shì shénme dìfang rén?
5. Zhāng Tàitai shì Xī'ānrén ma?
6. Shéi de tàitai shì Guǎngzhōurén?

Passage 2

刘: 张先生, 你们公司的经理叫什么名字?

张: 他姓李, 他的中文名字叫李小天。

刘: 李经理是哪国人?

张: 他是西班牙人。

刘: 他会说普通话吗?

张: 他不会说普通话。

Liú: Zhāng Xiānsheng, nǐmen gōngsī de jīnglǐ jiào shénme míngzì?

Zhāng: Tā xìng Lǐ, tā de Zhōngwén míngzì jiào Lǐ Xiǎotiān.

Liú: Lǐ Jīnglǐ shì nǎ guó rén?

Zhāng: Tā shì Xībānyárén.

Liú: Tā huì shuō pǔtōnghuà ma?

Zhāng: Tā bú huì shuō pǔtōnghuà.

Questions

问题

1. 张先生公司的经理是中国人吗?
2. 李先生的中文名字叫什么?
3. 李小天是哪国人?
4. 李小天会不会说中国话?
5. 谁是西班牙人?

Wèntí

1. Zhāng Xiānsheng gōngsī de jīnglǐ shì Zhōngguórén ma?
2. Lǐ Xiānsheng de Zhōngwén míngzì jiào shénme?
3. Lǐ Xiǎotiān shì nǎ guó rén?
4. Lǐ Xiǎotiān huì bú huì shuō Zhòngguóhuà?
5. Shéi shì Xībānyárén?

Passage 3

刘： 周立立是谁的秘书?

张： 她是人事部陈经理的秘书。

刘： 周小姐会不会讲英文?

张： 会，她英文讲得很好。

刘： 她也会说日语吗?

张： 她会说一点儿。

Liú: Zhōu Lìlì shì shéi de mìshū?

Zhāng: Tā shì rénshìbù Chén Jīnglǐ de mìshū.

Liú: Zhōu Xiǎojie huì bú huì jiǎng Yīngwén?

Zhāng: Huì, tā Yīngwén jiǎng de hěn hǎo.

Liú: Tā yě huì shuō Rìyǔ ma?

Zhāng: Tā huì shuō yìdiǎnr.

Questions: True-False

问题：是非题

1. 周立立是人事部的经理。

2. 人事部的经理姓陈。

3. 周立立是人事部的秘书。

4. 周小姐的英文说得很好。

5. 周小姐的日文也说得很好。

Wèntí: Shìfēití

1. Zhōu Lìlì shì rénshìbù de jīnglǐ.
2. Rénshìbù de jīnglǐ xìng Chén.
3. Zhōu Lìlì shì rénshìbù de mìshū.
4. Zhōu Xiǎojie de Yīngwén shuō de hěn hǎo.
5. Zhōu Xiǎojie de Rìwén yě shuō de hěn hǎo.

3.1 Casual Chit-Chat about Family

Passage 1

刘：马经理，唐心是你们的会计师吗？

马：是的。

刘：她结婚了吗？

马：她结婚了。

刘：她有孩子吗？

马： 她有孩子。

刘： 她有几个小孩?

马： 一个。她有一个女儿。

Liú: Mǎ Jīnglǐ, Táng Xīn shì nǐmen de kuàijìshī ma?

Mǎ: Shì de.

Liú: Tā jié hūn le ma?

Mǎ: Tā jié hūn le.

Liú: Tā yǒu háizi ma?

Mǎ: Tā yǒu háizi.

Liú: Tā yǒu jǐ ge xiǎohái?

Mǎ: Yí ge. Tā yǒu yí ge nǚ'ér.

Questions

问题

1. 唐心是公司的经理吗?

2. 唐心已经结婚了吗?

3. 唐心有几个孩子?

4. 唐心有没有儿子?

5. 唐心有没有女儿?

6. 唐心有几个女儿?

Wèntí

1. Táng Xīn shì gōngsī de jīnglǐ ma?
2. Táng Xīn yǐjīng jié hūn le ma?
3. Táng Xīn yǒu jǐ ge háizi?
4. Táng Xīn yǒu méiyǒu érzi?
5. Táng Xīn yǒu méiyǒu nǚ'ér?
6. Táng Xīn yǒu jǐ ge nǚ'ér?

Passage 2

刘： 江先生，您有几个孩子?

江： 我有三个。

刘： 男孩儿还是女孩儿?

江： 一个女孩儿，两个男孩儿。

刘： 您的女儿几岁了?

江： 我女儿今年十三岁。

刘： 儿子呢?

江： 大儿子十五岁，小儿子八岁。

Liú:	Jiāng Xiānsheng, nín yǒu jǐ ge háizi?
Jiāng:	Wǒ yǒu sān ge.
Liú:	Nánháir háishi nǚhái'ér?
Jiāng:	Yí ge nǚhái'ér, liǎng ge nánháir.
Liú:	Nín de nǚ'ér jǐ suì le?
Jiāng:	Wǒ nǚ'ér jīnnián shísān suì.
Liú:	Érzi ne?
Jiāng:	Dà'érzǐ shíwǔ suì, xiǎo'érzi bā suì.

Questions

问题

1. 江先生有几个男孩儿?

2. 江先生的大儿子几岁了?

3. 江先生的小儿子几岁了?

4. 江先生的女儿几岁了?

5. 江先生有几个孩子?

1. Jiāng Xiānsheng yǒu jǐ ge nánháir?
2. Jiāng Xiānsheng de dà'érzi jǐ suì le?
3. Jiāng Xiānsheng de xiǎo'érzi jǐ suì le?
4. Jiāng Xiānsheng de nǚ'ér jǐ suì le?
5. Jiāng Xiānsheng yǒu jǐ ge háizi?

Passage 3

刘： 田经理，您明天下午忙不忙?

田： 我明天下午很忙。

刘： 那明天晚上有时间吗?

田： 我明天晚上没事，您呢?

刘： 我明天晚上也有空。

Liú: Tián Jīnglǐ, nín míngtiān xiàwǔ máng bù máng?

Tián: Wǒ míngtiān xiàwǔ hěn máng.

Liú: Nà míngtiān wǎnshang yǒu shíjiān ma?

Tián: Wǒ míngtiān wǎnshàng méi shì, nín ne?

Liú: Wǒ míngtiān wǎnshang yě yǒu kòng.

Questions

问题

1. 田经理明天下午忙不忙?
2. 田经理明天晚上也很忙吗?
3. 田经理明天晚上有空吗?
4. 田经理明天晚上有没有事?
5. 田经理明天晚上有时间吗?

Wèntí

1. Tián Jīnglǐ míngtiān xiàwǔ máng bù máng?
2. Tián Jīnglǐ míngtiān wǎnshang yě hěn máng ma?
3. Tián Jīnglǐ míngtiān wǎnshang yǒu kòng ma?
4. Tián Jīnglǐ míngtiān wǎnshang yǒu méiyǒu shì?
5. Tián Jīnglǐ míngtiān wǎnshang yǒu shíjiān ma?

Passage 4

刘： 马经理，你的孩子上学了吧?

马： 是的。大儿子上大学了，女儿上中学，小儿子上小学。

刘： 他们会讲普通话吗?

马： 大的会一点儿，两个小的不会讲。

刘： 他们会到北京来吗?

马： 他们今年不会来，明年会来。

Liú: Mǎ Jīnglǐ, nǐ de háizi shàng xué le ba?

Mǎ: Shì de. Dà'érzi shàng dàxué le, nǚ'ér shàng zhōngxué, xiǎo'érzi shàng xiǎoxué.

Liú: Tāmen huì jiǎng pǔtōnghuà ma?

Mǎ: Dà de huì yìdiǎnr, liǎng ge xiǎo de bú huì jiǎng.

Liú: Tāmen huì dào Běijīng lái ma?

Mǎ: Tāmen jīnnián bú huì lái, míngnián huì lái.

Questions

问题:

1. 马经理有几个孩子?

2. 马经理有几个儿子，几个女儿?

3. 马经理的大儿子是大学生还是中学生?

4. 马经理的女儿是大学生吗?

5. 马经理的大儿子的普通话说得很好吗？

6. 马经理的小儿子会讲普通话吗？

7. 马经理的孩子今年会到中国来吗？

8. 马经理的孩子今年还是明年到北京来？

Wèntí

1. Mǎ Jīnglǐ yǒu jǐ ge háizi?
2. Mǎ Jīnglǐ yǒu jǐ ge érzi, jǐ ge nǚ'ér?
3. Mǎ Jīnglǐ de dà'érzi shì dàxuéshēng háishi zhōngxuéshēng?
4. Mǎ Jīnglǐ de nǚ'ér shì dàxuéshēng ma?
5. Mǎ Jīnglǐ de dà'érzi de pǔtōnghuà shuō de hěn hǎo ma?
6. Mǎ Jīnglǐ de xiǎo'érzi huì jiǎng pǔtōnghuà ma?
7. Mǎ Jīnglǐ de háizi jīnnián huì dào Zhōngguó lái ma?
8. Mǎ Jīnglǐ de háizi jīnnián háishi míngnián dào Běijīng lái?

3.2 Casual Chit-Chat about Family (Continued)

Passage 1

刘：马经理，您有几个兄弟姐妹？

马：两个，我有一个姐姐，一个弟弟。

刘：他们都多大了？

马：我姐姐今年三十三岁，我弟弟今年二十一岁。

刘：您姐姐工作吗？

马：她做贸易。

刘：她做进口还是出口呢？

马：进口出口都做。

Liú: Mǎ Jīnglǐ, nín yǒu jǐ ge xiōngdi jiěmèi?

Mǎ: Liǎng ge, wǒ yǒu yí ge jiějie, yí ge dìdi.

Liú: Tāmen dōu duō dà le?

Mǎ: Wǒ jiějie jīnnián sānshísān suì, wǒ dìdi jīnnián èrshíyī suì.

Liú: Nín jiějie gōngzuò ma?

Mǎ: Tā zuò màoyì.

Liú: Tā zuò jìnkǒu háishi chūkǒu ne?

Mǎ: Jìnkǒu chūkǒu dōu zuò.

Questions: True-False

问题: 是非题

1. 马经理没有妹妹。

2. 马经理有一个弟弟。

3. 马经理的姐姐有工作。

4. 马经理的姐姐做进口生意，不做出口生意。

5. 马经理的姐姐三十二岁。

6. 马经理的弟弟二十一岁。

7. 马经理有三个兄弟姐妹。

Wèntí: Shìfēití

1. Mǎ Jīnglǐ méiyǒu mèimei.
2. Mǎ Jīnglǐ yǒu yí ge dìdi.
3. Mǎ Jīnglǐ de jiějie yǒu gōngzuò.
4. Mǎ Jīnglǐ de jiějie zuò jìnkǒu shēngyì, bú zuò chūkǒu shēngyì.
5. Mǎ Jīnglǐ de jiějie sānshí'èr suì.
6. Mǎ Jīnglǐ de dìdi èrshíyī suì.
7. Mǎ Jīnglǐ yǒu sān ge xiōngdi jiěmèi.

Passage 2

刘： 王先生，您的父母都还工作吗?

王： 是，他们都还工作。

刘： 你的父亲做什么？

王： 我的父亲和我的哥哥做生意。

刘： 你母亲做什么呢？

王： 她是大夫。

Liú: Wáng Xiānsheng, nín de fùmǔ dōu hái gōngzuò ma?

Wáng: Shì, tāmen dōu hái gōngzuò.

Liú: Nǐ de fùqin zuò shénme?

Wáng: Wǒ de fùqin hé wǒ de gēge zuò shēngyì.

Liú: Nǐ mǔqin zuò shénme ne?

Wáng: Tā shì dàifu.

Questions: True-False

问题：是非题

1. 王先生的父亲工作，母亲不工作。
2. 王先生的父亲和母亲都退休了。
3. 王先生有哥哥。
4. 王先生的父亲和王先生的弟弟做生意。
5. 王先生的母亲不做生意。
6. 王先生的哥哥是大夫。

Wèntí: Shìfēití

1. Wáng Xiānsheng de fùqin gōngzuò, mǔqin bù gōngzuò.
2. Wáng Xiānsheng de fùqin hé mǔqin dōu tuìxiū le.
3. Wáng Xiānsheng yǒu gēge.
4. Wáng Xiānsheng de fùqin hé Wáng Xiānsheng de dìdi zuò shēngyì.
5. Wáng Xiānsheng de mǔqin bú zuò shēngyì.
6. Wáng Xiānsheng de gēge shì dàifu.

Passage 3

刘：张先生，你的弟弟工作吗?

张：不，他还是大学生。

刘：他学什么?

张：他学电脑。

刘：你的哥哥也是学生吗?

张：不是，他是律师。

Liú:	Zhāng Xiānsheng, nǐ de dìdi gōngzuò ma?
Zhāng:	Bù, tā hái shi dàxuéshēng.
Liú:	Tā xué shénme?
Zhāng:	Tā xué diànnǎo.
Liú:	Nǐ de gēge yě shì xuésheng ma?
Zhāng:	Bú shì, tā shì lǜshī.

Questions: True-False

问题：是非题

1. 张先生的弟弟还工作。

2. 张先生的弟弟不学电脑。

3. 张先生的哥哥学电脑。

4. 张先生的哥哥不是学生。

5. 张先生的爸爸有两个儿子。

6. 张先生的哥哥是会计师。

Wèntí: Shìfēití

1. Zhāng Xiānsheng de dìdi hái gōngzuò.
2. Zhāng Xiānsheng de dìdi bù xué diànnǎo.

3. Zhāng Xiānsheng de gēge xué diànnǎo.
4. Zhāng Xiānsheng de gēge bú shì xuésheng.
5. Zhāng Xiānsheng de bàba yǒu liǎng ge érzi.
6. Zhāng Xiānsheng de gēge shì kuàijìshī.

4.1 Conversations in the Office

Passage 1

马：王先生，你妹妹的公司是什么公司？

王：是一家电脑公司。

马：是中国公司吗？

王：不是，是一家日本公司。

马：是独资的吗？

王：是，是日本独资的。

Mǎ:	Wáng Xiānsheng, nǐ mèimei de gōngsī shì shénme gōngsī?
Wáng:	Shì yì jiā diànnǎo gōngsī.
Mǎ:	Shì Zhōngguó gōngsī ma?
Wáng:	Bú shì, shì yì jiā Rìběn gōngsī.
Mǎ:	Shì dúzī de ma?
Wáng:	Shì, shì Rìběn dúzī de.

Questions: True-False

问题：是非题

1. 王先生的妹妹在一家电脑公司工作。

2. 王先生的妹妹已经工作了。

3. 王先生妹妹的公司不是中国公司。

4. 王先生妹妹的公司是一家合资公司。

5. 王先生妹妹的公司是一家美国独资公司。

Wèntí: Shìfēití

1. Wáng Xiānsheng de mèimei zài yì jiā diànnǎo gōngsī gōngzuò.
2. Wáng Xiānsheng de mèimei yǐjīng gōngzuò le.
3. Wáng Xiānsheng mèimei de gōngsī bú shì Zhōngguó gōngsī.
4. Wáng Xiānsheng mèimei de gōngsī shì yì jiā hézī gōngsī.
5. Wáng Xiānsheng mèimei de gōngsī shì yì jiā Měiguó dúzī gōngsī.

Passage 2

马： 王先生，你姐姐已经工作了吗?

王： 她已经工作了。

马： 她的公司在什么地方?

王： 公司的总部在美国。

马： 在中国有分公司吗?

王： 有。

马： 有几家分公司呢?

王： 有两家，一家在天津，一家在深圳。

Mǎ:	Wáng Xiānsheng, nǐ jiějie yǐjīng gōngzuò le ma?
Wáng:	Tā yǐjīng gōngzuò le.
Mǎ:	Tā de gōngsī zài shénme dìfang?
Wáng:	Gōngsī de zǒngbù zài Měiguó.
Mǎ:	Zài Zhōngguó yǒu fēngōngsī ma?
Wáng:	Yǒu.
Mǎ:	Yǒu jǐ jiā fēngōngsī ne?
Wáng:	Yǒu liǎng jiā, yì jiā zài Tiānjīn, yì jiā zài Shēnzhèn.

问题

1. 王先生的姐姐是学生吗?

2. 王先生的姐姐的公司总部不在中国吗?

3. 王先生的姐姐的公司在中国有分公司吗?

4. 王先生的姐姐的公司在中国有几家分公司?

5. 王先生的姐姐的公司的分公司在中国什么地方?

Wèntí

1. Wáng Xiānsheng de jiějie shì xuésheng ma?
2. Wáng Xiānsheng de jiějie de gōngsī zǒngbù bú zài Zhōngguó ma?
3. Wáng Xiānsheng de jiějie de gōngsī zài Zhōngguó yǒu fēngōngsī ma?
4. Wáng Xiānsheng de jiějie de gōngsī zài Zhōngguó yǒu jǐ jiā fēngōngsī?
5. Wáng Xiānsheng de jiějie de gōngsī de fēngōngsī zài Zhōngguó shénme dìfang?

4.2 Conversations in the Office (Continued)

Passage 1

王：丁先生，你的父母多大年纪了?

丁：我父亲今年六十四岁，我母亲六十岁。

王：他们都工作吗?

丁：我父亲已经退休了，我母亲还工作。

王：你母亲做什么工作呢?

丁：我的母亲是老师，她明年会退休。

Wáng:　Dīng Xiānsheng, nǐ de fùmǔ duō dà niánjì le?

Dīng:　Wǒ fùqin jīnnián liùshísì suì, wǒ mǔqin liùshí suì.

Wáng: Tāmen dōu gōngzuò ma?

Dīng: Wǒ fùqin yǐjīng tuìxiū le, wǒ mǔqin hái gōngzuò.

Wáng: Nǐ mǔqin zuò shénme gōngzuò ne?

Dīng: Wǒ de mǔqin shì lǎoshī, tā míngnián huì tuìxiū.

Questions

问题

1. 丁先生的父亲多大年纪?

2. 丁先生的母亲多大年纪?

3. 丁先生的父亲比母亲大几岁?

4. 丁先生的父亲母亲都工作吗?

5. 丁先生的父亲已经不工作了，是不是?

6. 丁先生的母亲教书吗?

7. 丁先生的母亲今年会退休吗?

Wèntí

1. Dīng Xiānsheng de fùqin duō dà niánjì?
2. Dīng Xiānsheng de mǔqin duō dà niánjì?
3. Dīng Xiānsheng de fùqin bǐ mǔqin dà jǐ suì?
4. Dīng Xiānsheng de fùqin mǔqin dōu gōngzuò ma?
5. Dīng Xiānsheng de fùqin yǐjīng bù gōngzuò le, shì bú shì?
6. Dīng Xiānsheng de mǔqin jiāo shū ma?
7. Dīng Xiānsheng de mǔqin jīnnián huì tuìxiū ma?

Passage 2

刘：马先生，你们公司有多少人?

马：差不多有三百六十个人。

刘：公司有几位经理呢?

马：有五位。

刘：都是中国人吗?

马：三位中国人，两位外国人。

Liú: Mǎ Xiānsheng, nǐmen gōngsī yǒu duōshao rén?

Mǎ: Chàbuduō yǒu sānbǎi liùshí ge rén.

Liú: Gōngsī yǒu jǐ wèi jīnglǐ ne?

Mǎ: Yǒu wǔ wèi.

Liú: Dōu shì Zhōngguórén ma?

Mǎ: Sān wèi Zhōngguórén, liǎng wèi wàiguórén.

Questions

问题

1. 马先生的公司有多少人?

2. 公司的经理都是外国人吗?

3. 公司有几个经理?

4. 中国经理多还是外国经理多?

5. 中国经理比外国经理多几个?

Wèntí

1. Mǎ Xiānsheng de gōngsī yǒu duōshao rén?
2. Gōngsī de jīnglǐ dōu shì wàiguórén ma?
3. Gōngsī yǒu jǐ ge jīnglǐ?
4. Zhōngguó jīnglǐ duō háishi wàiguó jīnglǐ duō?
5. Zhōngguó jīnglǐ bǐ wàiguó jīnglǐ duō jǐ ge?

Passage 3

马：刘经理，你们公司是合资还是独资公司呢?

刘：是合资公司。

马：跟中国哪个公司合资?

刘：跟四方公司合资。

马：做什么生意?

刘：做进出口电脑生意。

马：你们公司大还是华为电脑公司大?

刘：我们公司跟华为一样大。

马：比戴尔电脑公司呢?

刘：戴尔比我们大多了。

Mǎ: Liú Jīnglǐ, nǐmen gōngsī shì hézī háishi dúzī gōngsī ne?

Liú: Shì hézī gōngsī.

Mǎ: Gēn Zhōngguó nǎ ge gōngsī hézī?

Liú: Gēn Sìfāng Gōngsī hézī.

Mǎ: Zuò shénme shēngyì?

Liú: Zuò jìnchūkǒu diànnǎo shēngyì.

Mǎ: Nǐmen gōngsī dà háishi Huáwéi Diànnǎo Gōngsī dà?

Liú: Wǒmen gōngsī gēn Huáwéi yíyàng dà.

Mǎ: Bǐ Dài'ěr Diànnǎo Gōngsī ne?

Liú: Dài'ěr bǐ wǒmen dà duō le.

Questions: True-False

问题：是非题

1. 刘经理的公司不是合资公司。

2. 刘经理的公司是贸易公司。

3. 刘经理的公司也做出口生意。

4. 华为公司比刘经理的公司大。

5. 戴尔比华为公司大多了。

6. 刘经理的公司跟戴尔一样大。

Wèntí: Shìfēití

1. Liú Jīnglǐ de gōngsī bú shì hézī gōngsī.
2. Liú Jīnglǐ de gōngsī shì màoyì gōngsī.
3. Liú Jīnglǐ de gōngsī yě zuò chūkǒu shēngyì.
4. Huáwéi Gōngsī bǐ Liú Jīnglǐ de gōngsī dà.
5. Dài'ěr bǐ Huáwéi Gōngsī dà duō le.
6. Liú Jīnglǐ de gōngsī gēn Dài'ěr yíyàng dà.

5.1 Scheduling Business Meetings

Passage 1

刘：马经理在吗?

李：不在。

刘：他去哪儿了?

李：马经理去北京的分公司了。

刘：他今天会回上海来吗?

李：他今天不能回来，明天会回来。

Liú:　Mǎ Jīnglǐ zài ma?

　Lǐ:　Bú zài.

Liú:　Tā qù nǎr le?

　Lǐ:　Mǎ Jīnglǐ qù Běijīng de fēngōngsī le.

Liú:　Tā jīntiān huì huí Shànghǎi lái ma?

　Lǐ:　Tā jīntiān bù néng huílai, míngtiān huì huílai.

Questions: True-False

问题：是非题

1. 马经理今天不在上海。

2. 马经理今天在北京。

3. 马经理明天不会回上海。

4. 马经理北京有分公司。

5. 马经理今天不在北京的分公司。

6. 马经理今天回上海的公司。

Wèntí: Shìfēití

1. Mǎ Jīnglǐ jīntiān bú zài Shànghǎi.
2. Mǎ Jīnglǐ jīntiān zài Běijīng.
3. Mǎ Jīnglǐ míngtiān bù huì huí Shànghǎi.
4. Mǎ Jīnglǐ Běijīng yǒu fēngōngsī.
5. Mǎ Jīnglǐ jīntiān bú zài Běijīng de fēngōngsī.
6. Mǎ Jīnglǐ jīntiān huí Shànghǎi de gōngsī.

Passage 2

马：我要找王经理，他在不在?

李：对不起，马先生，王经理不在。

马：那我去哪儿找他?

李：你可以去分公司找他。

马：分公司在哪儿?

李：在建国门。

马：离这儿远吗?

李：不太远，离天安门很近。

Mǎ:	Wǒ yào zhǎo Wáng Jīnglǐ, tā zài bú zài?
Lǐ:	Duìbuqǐ, Mǎ Xiānshēng, Wáng Jīnglǐ bú zài.
Mǎ:	Nà wǒ qù nǎr zhǎo tā?
Lǐ:	Nǐ kěyǐ qù fēngōngsī zhǎo tā.
Mǎ:	Fēngōngsī zài nǎr?
Lǐ:	Zài Jiànguómén.
Mǎ:	Lí zhèr yuǎn ma?
Lǐ:	Bú tài yuǎn, lí Tiān'ānmén hěn jìn.

Questions

问题

1. 马先生要找谁?

2. 马先生在哪儿?

3. 分公司在哪儿?

4. 分公司离天安门远吗?

5. 分公司在天安门吗?

Wèntí

1. Mǎ Xiānsheng yào zhǎo shéi?
2. Mǎ Xiānsheng zài nǎr?
3. Fēngōngsī zài nǎr?
4. Fēngōngsī lí Tiān'ānmén yuǎn ma?
5. Fēngōngsī zài Tiān'ānmén ma?

5.2 Making an Appointment

Passage 1

刘： 王先生，听说你母亲也工作。

王： 是的。她在一家银行工作。

刘： 她在哪家银行工作呢?

王： 她在花旗银行工作。

刘： 花旗银行是什么银行?

王： 花旗银行是 Citibank。

刘： 她在花旗银行的总行还是分行?

王： 她今年在总行，明年会在上海的分行工作。

Liú: Wáng Xiānsheng, tīngshuō nǐ mǔqin yě gōngzuò.

Wáng: Shì de. Tā zài yì jiā yínháng gōngzuò.

Liú: Tā zài nǎ jiā yínháng gōngzuò ne?

Wáng: Tā zài Huāqí Yínháng gōngzuò.

Liú: Huāqí Yínháng shì shénme yínháng?

Wáng: Huāqí Yínháng shì Citibank.

Liú: Tā zài Huāqí Yínháng de zǒngháng háishi fēnháng?

Wáng: Tā jīnnián zài zǒngháng, míngnián huì zài Shànghǎi de fēnháng gōngzuò.

Questions

问题

1. 王先生的母亲工作吗?

2. 王先生的母亲在哪里工作?

3. Citibank 的中文名是什么?

4. 王先生的母亲现在在总行还是分行工作?

5. 王先生的母亲明年也会在总行工作吗?

6. 王先生的母亲明年会在中国工作吧?

Wèntí

1. Wáng Xiānsheng de mǔqin gōngzuò ma?
2. Wáng Xiānsheng de mǔqin zài nǎli gōngzuò?
3. Citibank de Zhōngwén míng shì shénme?
4. Wáng Xiānsheng de mǔqin xiànzài zài zǒngháng háishi fēnháng gōngzuò?
5. Wáng Xiānsheng de mǔqin míngnián yě huì zài zǒngháng gōngzuò ma?
6. Wáng Xiānsheng de mǔqin míngnián huì zài Zhōngguó gōngzuò ba?

Passage 2

刘: 李先生,李太太在家吗?

李: 不在,她去上班了。

刘: 她几点钟下班呢?

李: 今天是星期六,她下午两点半下班。

刘: 那我三点一刻来找她,可以吗?

李: 当然可以。

Liú: Lǐ Xiānsheng, Lǐ Tàitai zài jiā ma?

Lǐ: Bú zài, tā qù shàng bān le.

Liú: Tā jǐ diǎn zhōng xià bān ne?

Lǐ: Jīntiān shì xīngqīliù, tā xiàwǔ liǎng diǎn bàn xià bān.

Liú: Nà wǒ sān diǎn yí kè lái zhǎo tā, kěyǐ ma?

Lǐ: Dāngrán kěyǐ.

Questions

问题

1. 李先生在家吗?

2. 李太太在不在家?

3. 李太太为什么不在家?

4. 李太太不是学生吗?

5. 明天是星期几?

6. 李太太周末几点下班?

7. 李太太星期一下班的时间跟星期六一样吗?

8. 李太太三点一刻会在家吗?

Wèntí

1. Lǐ Xiānsheng zài jiā ma?
2. Lǐ Tàitai zài bú zài jiā?
3. Lǐ Tàitai wèishénme bú zài jiā?
4. Lǐ Tàitai bú shì xuésheng ma?
5. Míngtiān shì xīngqī jǐ?
6. Lǐ Tàitai zhōumò jǐ diǎn xià bān?
7. Lǐ Tàitai xīngqīyī xià bān de shíjiān gēn xīngqīliù yíyàng ma?
8. Lǐ Tàitai sān diǎn yí kè huì zài jiā ma?

Passage 3

马：李明，你去哪儿?

李：我去上课。

马：上什么课?

李：我去上中文课。

马：你在哪儿上中文课?

李：在北大。

马：北大是什么意思?

李："北"是北京，"大"是大学，北大是北京大学。

马：那北外是不是北京外语大学呢?

李：对。

Mǎ: Lǐ Míng, nǐ qù nǎr?

Lǐ: Wǒ qù shàng kè.

Mǎ: Shàng shénme kè?

Lǐ: Wǒ qù shàng Zhōngwén kè.

Mǎ: Nǐ zài nǎr shàng Zhōngwén kè?

Lǐ: Zài Běidà.

Mǎ: Běidà shì shénme yìsi?

Lǐ: "Běi" shì Běijīng, "dà" shì dàxué, Běidà shì Běijīng Dàxué.

Mǎ: Nà Běiwài shì bú shì Běijīng Wàiyǔ Dàxué ne?

Lǐ: Duì.

Questions

问题

1. 李明去上班吗?

2. 李明去上课吗?

3. 李明去教中文课吗?

4. 李明在北外学汉语吗?

5. 李明在哪儿学普通话?

6. 北大跟北外一样吗?

7. 北大的"北"是什么意思?

8. 北外的"外"是什么意思?

Wèntí

1. Lǐ Míng qù shàng bān ma?
2. Lǐ Míng qù shàng kè ma?
3. Lǐ Míng qù jiāo Zhōngwén kè ma?
4. Lǐ Míng zài Běiwài xué Hànyǔ ma?
5. Lǐ Míng zài nǎr xué pǔtōnghuà?
6. Běidà gēn Běiwài yíyàng ma?
7. Běidà de "běi" shì shénme yìsi?
8. Běiwài de "wài" shì shénme yìsi?

Passage 4

马：李明，你今天晚上有没有课?

李：有，我今天有课。

马：你几点钟上课?

李：我七点半上课。

马：你几点钟下课?

李：十点差一刻下课。

马：你明天晚上也有课吗?

李：明天是星期五，没有课。

Mǎ: Lǐ Míng, nǐ jīntiān wǎnshang yǒu méiyǒu kè?

Lǐ: Yǒu, wǒ jīntiān yǒu kè.

Mǎ: Nǐ jǐ diǎn zhōng shàng kè?

Lǐ: Wǒ qī diǎn bàn shàng kè.

Mǎ: Nǐ jǐ diǎn zhōng xià kè?

Lǐ: Wǒ shí diǎn chà yí kè xià kè.

Mǎ: Nǐ míngtiān wǎnshàng yě yǒu kè ma?

Lǐ: Míngtiān shì xīngqīwǔ, méiyǒu kè.

Questions: True-False

问题：是非题

1. 李明今天早上没有课。

2. 现在是晚上七点钟，他已经上课了。

3. 现在是晚上九点半，他还没下课。

4. 李明九点四十五分下课。

5. 他明天晚上也要上课。

6. 李明晚上都上课。

7. 今天是星期四。

8. 星期五也有课。

Wèntí: Shìfēití

1. Lǐ Míng jīntiān zǎoshang méiyǒu kè.
2. Xiànzài shì wǎnshang qī diǎn zhōng, tā yǐjīng shàng kè le.
3. Xiànzài shì wǎnshang jiǔ diǎn bàn, tā hái méi xià kè.
4. Lǐ Míng jiǔ diǎn sìshíwǔ fēn xià kè.
5. Tā míngtiān wǎnshang yě yào shàng kè.
6. Lǐ Míng wǎnshàng dōu shàng kè.
7. Jīntiān shì xīngqīsì.
8. Xīngqīwǔ yě yǒu kè.

6.1 Asking for Help

Passage 1

马：老李，忙吗?

李：是老马吗? 有什么事吗?

马：你能不能帮我儿子找个工作?

李：他在大学学什么呢?

马：他学会计。

李：他想去哪家公司工作?

马：他说想去华星公司工作，听说他们人事部经理叫王佑明。

李：我认识王佑明，他是我大学同学。

马：是吗? 你能马上帮我联系他吗?

李：没问题，我马上帮你联系。

Mǎ: Lǎo Lǐ, máng ma?

Lǐ: Shì Lǎo Mǎ ma? Yǒu shénme shì ma?

Mǎ: Nǐ néng bù néng bāng wǒ érzi zhǎo ge gōngzuò?

Lǐ: Tā zài dàxué xué shénme ne?

Mǎ: Tā xué kuàijì.

Lǐ: Tā xiǎng qù nǎ jiā gōngsī gōngzuò?

Mǎ: Tā shuō xiǎng qù Huáxīng Gōngsī gōngzuò, tīngshuō tāmen rénshìbù jīnglǐ jiào Wáng Yòumíng.

Lǐ: Wǒ rènshi Wáng Yòumíng, tā shì wǒ dàxué tóngxué.

Mǎ: Shì ma? Nǐ néng mǎshàng bāng wǒ liánxì tā ma?

Lǐ: Méi wèntí, wǒ mǎshàng bāng nǐ liánxì.

Questions

问题

1. 老李帮谁的儿子找工作?

2. 老马的儿子学什么的呢?

3. 老马的儿子想去哪家公司工作?

4. 老马认识华星公司的人事部经理吗?

5. 谁认识华星公司的人事部经理?

6. 老李为什么认识华星公司的人事部经理?

7. 华星公司的人事部经理姓什么？ 叫什么名字？

8. 老李要联系谁？

Wèntí

1. Lǎo Lǐ bāng shéi de érzi zhǎo gōngzuò?
2. Lǎo Mǎ de érzi xué shénme de ne?
3. Lǎo Mǎ de érzi xiǎng qù něi jiā gōngsī gōngzuò?
4. Lǎo Mǎ rènshi Huáxīng Gōngsī de rénshìbù jīnglǐ ma?
5. Shéi rènshi Huáxīng Gōngsī de rénshìbù jīnglǐ?
6. Lǎo Lǐ wèishénme rènshi Huáxīng gōngsī de rénshìbù jīnglǐ?
7. Huáxīng Gōngsī de rénshìbù jīnglǐ xìng shénme? Jiào shénme míngzì?
8. Lǎo Lǐ yào liánxì shéi?

Passage 2

李：小马，我已经帮你联系王经理了。

马：谢谢您，李经理。王经理说什么呢？

李：他说可以下星期见我们。

马：下星期几呢？

李：下星期二。

马：什么时间呢？

李：他上午要开会，下午两点半有空儿。

马：好的，那下星期二下午两点半我们去见王经理。

Lǐ: Xiǎo Mǎ, wǒ yǐjīng bāng nǐ liánxì Wáng Jīnglǐ le.

Mǎ: Xièxie nín, Lǐ Jīnglǐ. Wáng Jīnglǐ shuō shénme ne?

Lǐ: Tā shuō kěyǐ xià xīngqī jiàn wǒmen.

Mǎ: Xià xīngqījǐ ne?

Lǐ: Xià xīngqī'èr.

Mǎ: Shénme shíjiān ne?

Lǐ: Tā shàngwǔ yào kāi huì, xiàwǔ liǎng diǎn bàn yǒu kòng.

Mǎ: Hǎo de, nà xià xīngqī'èr xiàwǔ liǎng diǎn bàn wǒmen qù jiàn Wáng Jīnglǐ.

Questions

问题

1. 谁帮小马联系王经理了？

2. 王经理下星期会见李经理吗？

3. 王经理什么时候见小马？

4. 王经理这星期还是下星期有空儿？

5. 王经理为什么下星期二上午不能见小马？

6. 小马下星期二几点去见王经理？

Wèntí

1.   Shéi bāng Xiǎo Mǎ liánxì Wáng Jīnglǐ le?
2.   Wáng Jīnglǐ xià xīngqī huì jiàn Lǐ Jīnglǐ ma?
3.   Wáng Jīnglǐ shénme shíhou jiàn Xiǎo Mǎ?
4.   Wáng Jīnglǐ zhè xīngqī háishi xià xīngqī yǒu kòngr?
5.   Wáng Jīnglǐ wèishénme xià xīngqī'èr shàngwǔ bù néng jiàn Xiǎo Mǎ?
6.   Xiǎo Mǎ xià xīngqī'èr jǐ diǎn qù jiàn Wáng Jīnglǐ?

Passage 3

王：老李，下星期二下午两点半我也有事，不能见你的朋友。

李：那四点钟你有空吗，老王？

王：对不起，四点钟还有个会。

李：那你哪天有时间呢？

王：那下星期三吧。

李：上午还是下午呢？

王：我上下午都有空儿。

李：那上午九点钟，好吗?

王：九点半吧。

李：好的，我马上告诉他。

Wáng:　Lǎo Lǐ, xià xīngqī'èr xiàwǔ liǎng diǎn bàn wǒ yě yǒu shì, bù néng jiàn nǐ de péngyou.

Lǐ:　Nà sì diǎn zhōng nǐ yǒu kòng ma, Lǎo Wáng?

Wáng:　Duìbuqǐ, sì diǎn zhōng hái yǒu ge huì.

Lǐ:　Nà nǐ nǎ tiān yǒu shíjiān ne?

Wáng:　Nà xià xīngqīsān ba.

Lǐ:　Shàngwǔ háishi xiàwǔ ne?

Wáng:　Wǒ shàngxiàwǔ dōu yǒu kòng.

Lǐ:　Nà shàngwǔ jiǔ diǎn zhōng, hǎo ma?

Wáng:　Jiǔ diǎn bàn ba.

Lǐ:　Hǎo de, wǒ mǎshàng gàosu tā.

Questions

问题

1. 老王下星期二下午两点半有时间见老李的朋友吗?

2. 老王下星期二下午两点半为什么不能见老李的朋友?

3. 老王下星期二能见老李的朋友吗?

4. 老王下星期二下午几点钟要开会?

5. 老王下星期几能见老李的朋友?

6. 老王下星期三下午开会吗?

7. 老李的朋友下星期三几点钟会去见老王?

1. Lǎo Wáng xià xīngqī'èr xiàwǔ liǎng diǎn bàn yǒu shíjiān jiàn Lǎo Lǐ de péngyou ma?
2. Lǎo Wáng xià xīngqī'èr xiàwǔ liǎng diǎn bàn wèishénme bù néng jiàn Lǎo Lǐ de péngyou?
3. Lǎo Wáng xià xīngqī'èr néng jiàn Lǎo Lǐ de péngyou ma?
4. Lǎo Wáng xià xīngqī'èr xiàwǔ jǐ diǎn zhōng yào kāi huì?
5. Lǎo Wáng xià xīngqījǐ néng jiàn Lǎo Lǐ de péngyou?
6. Lǎo Wáng xià xīngqīsān xiàwǔ kāi huì ma?
7. Lǎo Lǐ de péngyou xià xīngqīsān jǐ diǎn zhōng huì qù jiàn Lǎo Wáng?

6.2 Organizing Business Meetings

Passage 1

谢： 钱总，您好。您帮我打电话给联想公司了吗?

钱： 谢总，您好。昨天我的秘书已经打电话给他们了。

谢： 那我和谁见面呢?

钱： 你可以见市场部的马经理。

谢： 谢谢您，他什么时候方便见我呢?

钱： 马经理这个星期很忙，下星期才会有时间。

谢： 好，我下星期能有时间。下星期几呢?

钱： 马经理知道你要见他，你可以打电话跟他安排见面的时间。

Xiè: Qián Zǒng, nín hǎo. Nín bāng wǒ dǎ diànhuà gěi Liánxiǎng Gōngsī le ma?

Qián: Xiè Zǒng, nín hǎo. Zuótiān wǒ de mìshū yǐjīng dǎ diànhuà gěi tāmen le.

Xiè: Nà wǒ hé shéi jiànmiàn ne?

Qián: Nǐ kěyǐ jiàn shìchǎngbù de mǎ jīnglǐ.

Xiè: Xièxie nín, tā shénme shíhou fāngbiàn jiàn wǒ ne?

Qián: Mǎ Jīnglǐ zhè ge xīngqī hěn máng, xià xīngqī cái huì yǒu shíjiān.

Xiè: Hǎo, wǒ xià xīngqī néng yǒu shíjiān. Xià xīngqījǐ ne?

Qián: Mǎ Jīnglǐ zhīdào nǐ yào jiàn tā, nǐ kěyǐ dǎ diànhuà gēn tā ānpái jiàn miàn de shíjiān.

Questions

问题

1. 钱总给联想公司打电话了吗?

2. 谁的秘书已经打电话给联想公司了?

3. 谢总可以和联想公司的哪个经理联系?

4. 马经理这个星期可以和谢总见面吗?

5. 谢总和马经理已经安排了见面的时间了吗?

Wèntí

1. Qián Zǒng gěi Liánxiǎng Gōngsī dǎ diànhuà le ma?
2. Shéi de mìshū yǐjīng dǎ diànhuà gěi Liánxiǎng Gōngsī le?
3. Xiè Zǒng kěyǐ hé Liánxiǎng Gōngsī de nǎ ge jīnglǐ liánxì?
4. Mǎ Jīnglǐ zhè ge xīngqī kěyǐ hé Xiè Zǒng jiàn miàn ma?
5. Xiè Zǒng hé Mǎ Jīnglǐ yǐjīng ānpái le jiàn miàn de shíjiān le ma?

Passage 2

马：小陈，你给王经理发电子邮件了吗?

陈：发了，可是他这周不能见您。

马：为什么呢?

陈：他发电子邮件说他出差去了。

马：他有没有说什么时候回来呢?

陈：他去上海分公司出差，他说下周四才能回来。

马：你能不能安排我们下星期五见面?

陈：可是下星期五您已经有安排了。

马：那就下下星期一吧。

陈：下下星期一您有时间，我马上帮您联系王经理。

Mǎ:	Xiǎo Chén, nǐ gěi Wáng Jīnglǐ fā diànzi yóujiàn le ma?
Chén:	Fā le, kěshì tā zhè zhōu bù néng jiàn nín.
Mǎ:	Wèishénme ne?
Chén:	Tā fā diànzi yóujiàn shuō tā chū chāi qù le.
Mǎ:	Tā yǒu méiyǒu shuō shénme shíhou huílai ne?
Chén:	Tā qù Shànghǎi fēngōngsī chū chāi, tā shuō xià zhōu sì cái néng huílai.
Mǎ:	Nǐ néng bu néng ānpái wǒmen xià xīngqīwǔ jiàn miàn?
Chén:	Kěshì xià xīngqīwǔ nín yǐjīng yǒu ānpái le.
Mǎ:	Nà jiù xià xià xīngqīyī ba.
Chén:	Xià xià xīngqīyī nín yǒu shíjiān, wǒ mǎshàng bāng nín liánxì Wáng Jīnglǐ.

Questions

问题

1. 小陈给谁发了电子邮件？

2. 王经理给小陈发电子邮件了吗？

3. 王经理现在在上海吗？

4. 王经理的公司在什么地方有分公司？

5. 王经理下周三还会在上海吗？

6. 王经理什么时候回来？

7. 小陈的经理和王经理下星期五能见面吗？

8. 小陈的经理这个星期五已经有安排了吗？

9. 小陈的经理什么时候有空能见王经理？

Wèntí

1. Xiǎo Chén gěi shéi fā le diànzi yóujiàn?
2. Wáng Jīnglǐ gěi Xiǎo Chén fā diànzi yóujiàn le ma?
3. Wáng Jīnglǐ xiànzài zài Shànghǎi ma?
4. Wáng Jīnglǐ de gōngsī zài shénme dìfang yǒu fēngōngsī?

5. Wáng Jīnglǐ xià zhōusān hái huì zài Shànghǎi ma?

6. Wáng Jīnglǐ shénme shíhou huílai?

7. Xiǎo Chén de jīnglǐ hé Wáng Jīnglǐ xià xīngqīwǔ néng jiàn miàn ma?

8. Xiǎo Chén de jīnglǐ zhè ge xīngqīwǔ yǐjīng yǒu ānpái le ma?

9. Xiǎo Chén de jīnglǐ shénme shíhou yǒu kòng néng jiàn Wáng Jīnglǐ?

7.1 Organizing Business Meetings (Continued)

Passage 1

白： 马经理在吗？

秘书： 请问您哪位？

白： 我是联想公司市场部的经理，我姓白。

秘书： 白经理，对不起，马经理出差去了。

白： 他去什么地方出差了呢？

秘书： 他去香港出差了。

白： 他什么时候能回公司来？

秘书： 下星期五才能回来。

白： 那你可不可以安排我们下星期五见面？

秘书： 好的，我现在就给您安排。

Bái: Mǎ Jīnglǐ zài ma?

Mìshū : Qǐng wèn nín nǎ wèi?

Bái: Wǒ shì Liánxiǎng Gōngsī shìchǎngbù de jīnglǐ, wǒ xìng Bái.

Mìshū: Bái Jīnglǐ, duìbuqǐ, Mǎ Jīnglǐ chū chāi qù le.

Bái: Tā qù shénme dìfang chū chāi le ne?

Mìshū: Tā qù Xiānggǎng chū chāi le.

Bái: Tā shénme shíhou néng huí gōngsī lái?

Mìshū: Xià xīngqīwǔ cái néng huílai.

Bái: Nà nǐ kě bù kěyǐ ānpái wǒmen xià xīngqīwǔ jiàn miàn?

Mìshū: Hǎo de, wǒ xiànzài jiù gěi nín ānpái.

Questions

问题

1. 马经理在不在公司？

2. 马经理到哪儿去了？

3. 马经理为什么去香港？

4. 马经理这星期能回来吗？

5. 马经理什么时候能回公司来？

6. 谁打电话找马经理？

7. 马经理和白经理什么时候见面？

Wèntí

1.   Mǎ Jīnglǐ zài bù zài gōngsī?
2.   Mǎ Jīnglǐ dào nǎr qù le?
3.   Mǎ Jīnglǐ wèishénme qù Xiānggǎng?
4.   Mǎ Jīnglǐ zhè xīngqī néng huílai ma?
5.   Mǎ Jīnglǐ shénme shíhou néng huí gōngsī lái?
6.   Shéi dǎ diànhuà zhǎo Mǎ Jīnglǐ?
7.   Mǎ Jīnglǐ hé Bái Jīnglǐ shénme shíhou jiàn miàn?

Passage 2

马：刘先生，欢迎您来我们公司。

刘：我上星期四打电话给您，您的秘书说您去香港出差了。

马：对，我昨天刚从香港回来。

刘：马经理，您经常出差吗？

马：是的，我这个月很忙，常常出差。

刘：您一个月大概出差几次？

马：我一个月大概要出差四、五次。

刘：你每次出差都多长时间？

马：大概两、三天左右。

Mǎ: Liú Xiānsheng, huānyíng nín lái wǒmen gōngsī.

Liú: Wǒ shàng xīngqīsì dǎ diànhuà gěi nín, nín de mìshū shuō nín qù Xiānggǎng chū chāi le.

Mǎ: Duì, wǒ zuótiān gāng cóng Xiānggǎng huílai.

Liú: Mǎ Jīnglǐ, nín jīngcháng chū chāi ma?

Mǎ: Shì de, wǒ zhè ge yuè hěn máng, chángcháng chū chāi.

Liú: Nín yí ge yuè dàgài chū chāi jǐ cì?

Mǎ: Wǒ yí ge yuè dàgài yào chū chāi sì, wǔ cì.

Liú: Nǐ měi cì chū chāi dōu duō cháng shíjiān?

Mǎ: Dàgài liǎng, sān tiān zuǒyòu.

Questions

问题

1. 刘先生什么时候给马经理打了电话？

2. 他们上星期见面了吗？

3. 马经理到哪儿出差了？

4. 马经理刚从什么地方回来呢？

5. 马经理这个月忙不忙？

6. 马经理一个月要出差几次？

7. 马经理每次出差时间都一样长吗？

8. 马经理一次出差要多长时间？

Wèntí

1. Liú Xiānsheng shénme shíhou gěi Mǎ Jīnglǐ dǎ le diànhuà?
2. Tāmen shàng xīngqī jiàn miàn le ma?
3. Mǎ Jīnglǐ dào nǎr chū chāi le?
4. Mǎ Jīnglǐ gāng cóng shénme dìfang huílai ne?
5. Mǎ Jīnglǐ zhè ge yuè máng bù máng?
6. Mǎ Jīnglǐ yí ge yuè yào chū chāi jǐ cì?
7. Mǎ Jīnglǐ měi cì chū chāi shíjiān dōu yíyàng cháng ma?
8. Mǎ Jīnglǐ yí cì chū chāi yào duō cháng shíjiān?

7.2 Presenting Your Business

Passage 1

刘：马经理，你们的新工厂建在什么地方?

马：在深圳，离广州不远。

刘：新工厂一共有多少员工?

马：一千人左右。

刘：员工都是广东人吗?

马：有的是广东人，有的是外来的。

刘：什么是外来的人?

马：外来的人不是广东人。

刘：广东人多还是外来的人多?

马：外来的人多。

Liú: Mǎ Jīnglǐ, nǐmen de xīn gōngchǎng jiàn zài shénme dìfang?

Mǎ: Zài Shēnzhèn, lí Guǎngzhōu bù yuǎn.

Liú: Xīn gōngchǎng yígòng yǒu duōshao yuángōng?

Mǎ: Yìqiān rén zuǒyòu.

Liú: Yuángōng dōu shì Guǎngdōngrén ma?

Mǎ: Yǒude shì Guǎngdōngrén, yǒude shì wàilái de.

Liú: Shénme shì wàilái de rén?

Mǎ: Wàilái de rén bú shì Guǎngdōngrén.

Liú: Guǎngdōngrén duō háishi wàilái de rén duō?

Mǎ: Wàilái de rén duō.

Questions

问题

1. 马经理他们有新工厂吗?

2. 马经理他们的新工厂建在哪儿?

3. 深圳离广州很近吗?

4. 新工厂的员工有一千八百人吗?

5. 新工厂的员工都是广东人吗?

6. 新工厂的员工广东人比外来的人少吗?

Wèntí

1. Mǎ Jīnglǐ tāmen yǒu xīn gōngchǎng ma?
2. Mǎ Jīnglǐ tāmen de xīn gōngchǎng jiàn zài nǎr?
3. Shēnzhèn lí Guǎngzhōu hěn jìn ma?
4. Xīn gōngchǎng de yuángōng yǒu yìqiān bābǎi rén ma?
5. Xīn gōngchǎng de yuángōng dōu shì Guǎngdōngrén ma?
6. Xīn gōngchǎng de yuángōng Guǎngdōngrén bǐ wàilái de rén shǎo ma?

Passage 2

刘：马经理，你们大连新厂大还是上海厂大?

马：上海厂比大连厂大，员工也比大连厂多多了。

刘：多多少呢?

马：上海厂有四、五千人，大连厂有一千人左右。

刘：新工厂生产什么产品?

马：新工厂生产汽车零件。

刘：零件是什么意思?

马：零件是 "Parts"。

刘：新工厂是什么时候建的?

马：去年刚建的。

Liú: Mǎ Jīnglǐ, nǐmen Dàlián xīn chǎng dà háishi Shànghǎi chǎng dà?

Mǎ: Shànghǎi chǎng bǐ Dàlián chǎng dà, yuángōng yě bǐ Dàlián chǎng duō duō le.

Liú: Duō duōshǎo ne?

Mǎ: Shànghǎi chǎng yǒu sì, wǔ qiān rén, Dàlián chǎng yǒu yì qiān rén zuǒyòu.

Liú: Xīn gōngchǎng shēngchǎn shénme chǎnpǐn?

Mǎ: Xīn gōngchǎng shēngchǎn qìchē língjiàn.

Liú: Língjiàn shì shénme yìsi?

Mǎ: Língjiàn shì "parts."

Liú: Xīn gōngchǎng shì shénme shíhou jiàn de?

Mǎ: Qùnián gāng jiàn de.

Questions

问题

1. 上海厂是新厂吗?

2. 大连厂比上海厂大吗?

3. 上海厂的员工比大连厂的员工多多少?

4. 大连厂生产汽车吗?

5. 大连厂生产什么?

6. 零件是什么意思?

7. 新工厂是今年建的吗?

8. 新工厂建了多久了?

Wèntí

1. Shànghǎi chǎng shì xīn chǎng ma?
2. Dàlián chǎng bǐ Shànghǎi chǎng dà ma?
3. Shànghǎi chǎng de yuángōng bǐ Dàlián chǎng de yuángōng duō duōshǎo?
4. Dàlián chǎng shēngchǎn qìchē ma?
5. Dàlián chǎng shēngchǎn shénme?
6. Língjiàn shì shénme yìsi?
7. Xīn gōngchǎng shì jīnnián jiàn de ma?
8. Xīn gōngchǎng jiàn le duō jiǔ le?

Passage 3

刘: 李先生,你是做什么的?

李: 我是做投资生意的。

刘: 你对进出口生意感兴趣吗?

李: 很感兴趣。

刘: 我有一个好朋友姓马,他的公司出口啤酒,你想认识他吗?

李: 好啊,我很想认识他,你可以给我介绍吗?

刘: 那你有名片吗?

李: 这是我的名片,请你帮忙,刘先生。

刘: 没问题,我马上打电话跟他联系。

Liú: Lǐ Xiānsheng, nǐ shì zuò shénme de?

Lǐ: Wǒ shì zuò tóuzī shēngyì de.

Liú: Nǐ duì jìnchūkǒu shēngyì gǎn xìngqù ma?

Lǐ: Hěn gǎn xìngqù.

Liú: Wǒ yǒu yí ge hǎo péngyou xìng Mǎ, tā de gōngsī chūkǒu píjiǔ, nǐ xiǎng rènshi tā ma?

Lǐ: Hǎo a, wǒ hěn xiǎng rènshi tā, nǐ kěyǐ gěi wǒ jièshào ma?

Liú: Nà nǐ yǒu míngpiàn ma?

Lǐ: Zhè shì wǒ de míngpiàn, qǐng nǐ bāng máng, Liú Xiānsheng.

Liú: Méi wèntí, wǒ mǎshàng dǎ diànhuà gēn tā liánxì.

Questions

问题

1. 李先生是做什么的?
2. 李先生对什么生意感兴趣?
3. 马先生的公司生产什么?
4. 李先生想认识谁?
5. 李先生的朋友为什么要李先生的名片?
6. 李先生的朋友马上要跟谁联系?
7. 李先生的朋友是发传真和马先生联系的吗?

Wèntí

1. Lǐ Xiānsheng shì zuò shénme de?
2. Lǐ Xiānsheng duì shénme shēngyì gǎn xìngqù?
3. Mǎ Xiānsheng de gōngsī shēngchǎn shénme?
4. Lǐ Xiānsheng xiǎng rènshi shéi?
5. Lǐ Xiānsheng de péngyou wèishénme yào Lǐ Xiānsheng de míngpiàn?
6. Lǐ Xiānsheng de péngyou mǎshàng yào gēn shéi liánxì?
7. Lǐ Xiānsheng de péngyou shì fā chuánzhēn hé Mǎ Xiānsheng liánxì de ma?

Passage 4

刘：马经理，这是我的朋友李钟。

马：李先生，欢迎 来我们公司。这是我的名片。

李：马经理，很高兴认识您，这是我的名片，请多指教。

刘：李先生是做贸易的，他对你们的产品很感兴趣。

马：是吗？ 我们公司刚在杭州买了一个新工厂。

李：新工厂是生产计算机产品吗？

马：是的，新工厂生产的产品都出口。

李：出口到哪里呢？

马：到美国和加拿大。

李：太好了，我想去参观你们的新工厂，方便吗？

马：当然方便，我马上去安排。

Liú: Mǎ Jīnglǐ, zhè shì wǒ de péngyou Lǐ Zhōng.

Mǎ: Lǐ Xiānsheng, huānyíng lái wǒmen gōngsī. Zhè shì wǒ de míngpiàn.

Lǐ: Mǎ Jīnglǐ, hěn gāoxìng rènshi nín, zhè shì wǒ de míngpiàn, qǐng duō zhǐ jiào.

Liú: Lǐ Xiānsheng shì zuò màoyì de, tā duì nǐmen de chǎnpǐn hěn gǎn xìngqù.

Mǎ: Shì ma? Wǒmen gōngsī gāng zài Hángzhōu mǎi le yí ge xīn gōngchǎng.

Lǐ: Xīn gōngchǎng shì shēngchǎn jìsuànjī chǎnpǐn ma?

Mǎ: Shì de, xīn gōngchǎng shēngchǎn de chǎnpǐn dōu chūkǒu.

Lǐ: Chūkǒu dào nǎli ne?

Mǎ: Dào Měiguó hé Jiānádà.

Lǐ: Tài hǎo le, wǒ xiǎng qù cānguān nǐmen de xīn gōngchǎng, fāngbiàn ma?

Mǎ: Dāngrán fāngbiàn, wǒ mǎshàng qù ānpái.

Questions

问题

1. 马经理为什么说"欢迎"？

2. 中国人什么时候说"请多指教"？

3. 杭州的新工厂是买的还是建的？

4. 马经理在什么地方买了新工厂？

5. 新工厂生产什么产品?

6. 新工厂的产品都在中国卖吗?

7. 在哪个国家可以买新工厂的产品?

8. 马经理马上安排李先生做什么?

Wèntí

1. Mǎ Jīnglǐ wèishénme shuō "huānyíng"?
2. Zhōngguórén shénme shíhou shuō "Qǐng duō zhǐjiào"?
3. Hángzhōu de xīn gōngchǎng shì mǎi de háishi jiàn de?
4. Mǎ Jīnglǐ zài shénme dìfang mǎi le xīn gōngchǎng?
5. Xīn gōngchǎng shēngchǎn shénme chǎnpǐn?
6. Xīn gōngchǎng de chǎnpǐn dōu zài Zhōngguó mài ma?
7. Zài nǎ ge guójiā kěyǐ mǎi xīn gōngchǎng de chǎnpǐn?
8. Mǎ Jīnglǐ mǎshàng ānpái Lǐ Xiānsheng zuò shénme?

8.1 Dining Behavior

Passage 1

李：白先生，我今天晚上请你吃饭，好吗?

白：李先生，您太客气了。

李：你喜欢吃中国菜吗?

白：非常喜欢。

李：听说美国有很多中国饭店，是吗?

白：对，很多美国人都喜欢吃中国菜。

李：你在美国常吃中国菜吗?

白：常吃。一个月差不多吃两、三次。

李：你吃过湖南菜吗?

白：没吃过，不过我吃过四川菜。

李：那我今晚就请你吃湖南菜，湖南菜跟四川菜都好吃。

白：太好了，谢谢你。

Lǐ: Bái Xiānsheng, wǒ jīntiān wǎnshang qǐng nǐ chī fàn, hǎo ma?

Bái: Lǐ Xiānsheng, nín tài kèqi le.

Lǐ: Nǐ xǐhuan chī Zhōngguócài ma?

Bái: Fēicháng xǐhuan.

Lǐ: Tīngshuō Měiguó yǒu hěn duō Zhōngguó fàndiàn, shì ma?

Bái: Duì, hěn duō Měiguórén dōu xǐhuan chī Zhōngguócài.

Lǐ: Nǐ zài Měiguó cháng chī Zhōngguócài ma?

Bái: Cháng chī. Yí ge yuè chàbuduō chī liǎng, sān cì.

Lǐ: Nǐ chī guò Húnáncài ma?

Bái: Méi chī guò, búguò wǒ chī guò Sìchuāncài.

Lǐ: Nà wǒ jīnwǎn jiù qǐng nǐ chī Húnáncài, Húnáncài gēn Sìchuāncài dōu hǎochī.

Mǎ: Tài hǎo le, xièxie nǐ.

Questions

问题

1. 李先生今天晚上请谁吃饭？

2. 白先生为什么说"您太客气了"？

3. 白先生会跟李先生去吃饭吗？

4. 白先生喜欢吃中国菜吗？

5. 美国的中国饭店多不多？

6. 白先生一个月吃几次中国菜？

7. 白先生吃过什么中国菜？

8. 白先生还没有吃过什么菜？

9. 李先生介绍了什么好吃的中国菜?

10. 他们今晚去吃什么菜?

Wèntí

1. Lǐ Xiānsheng jīntiān wǎnshang qǐng shéi chī fàn?
2. Bái Xiānsheng wéi shénme shuō "Nín tài kèqi le"?
3. Bái Xiānsheng huì gēn Lǐ Xiānsheng qù chī fàn ma?
4. Bái Xiānsheng xǐhuan chī Zhōngguócài ma?
5. Měiguó de Zhōngguó fàndiàn duō bù duō?
6. Bái Xiānsheng yí ge yuè chī jǐ cì Zhōngguócài?
7. Bái Xiānsheng chī guò shénme Zhōngguócài?
8. Bái Xiānsheng hái méiyǒu chī guò shénme cài?
9. Lǐ Xiānsheng jièshào le shénme hǎochī de Zhōngguócài?
10. Tāmen jīnwǎn qù chī shénme cài?

Passage 2

马：李经理，你这次来上海会待多久?

李：大概一个星期左右。

马：太好了。你明天什么时间有空?

李：我明天下午和晚上都有安排，中午有空儿。

马：那我们请你吃午饭吧。

李：你太客气了。

马：你吃过上海菜吗?

李：还没吃过。

马：那好，我们就去老上海餐厅吧。

李：好吧。老上海餐厅在什么地方?

马：你知道新天地吗? 那儿有一家。

李：我知道，我去过那儿。

马：好，那我们十二点在新天地见面。

Mǎ: Lǐ Jīnglǐ, nǐ zhè cì lái Shànghǎi huì dāi duō jiǔ?

Lǐ: Dàgài yí ge xīngqī zuǒyòu.

Mǎ: Tài hǎo le. Nǐ míngtiān shénme shíjiān yǒu kòng?

Lǐ: Wǒ míngtiān xiàwǔ hé wǎnshang dōu yǒu ānpái, zhōngwǔ yǒu kòngr.

Mǎ: Nà wǒmen qǐng nǐ chī wǔfàn ba.

Lǐ: Nǐ tài kèqi le.

Mǎ: Nǐ chī guò Shànghǎicài ma?

Lǐ: Hái méi chī guò.

Mǎ: Nà hǎo, wǒmen jiù qù Lǎo Shànghǎi Cāntīng ba.

Lǐ: Hǎo ba. Lǎo Shànghǎi Cāntīng zài shénme dìfang?

Mǎ: Nǐ zhīdào Xīntiāndì ma? Nàr yǒu yì jiā.

Lǐ: Wǒ zhīdào, wǒ qù guò nàr.

Mǎ: Hǎo, nà wǒmen shí'èr diǎn zài Xīntiāndì jiàn miàn.

Questions

问题

1. 李经理是不是在上海出差?

2. 李经理下周才会离开上海吗?

3. 他们明天是吃午饭还是晚饭?

4. 李经理明天中午有时间吗?

5. 李经理明天下午有安排吗?

6. 他们要吃什么菜?

7. 他们什么时间吃?

8. 他们去什么餐厅吃?

9. 餐厅在什么地方?

10. 李经理去过新天地吗?

Wèntí

1. Lǐ Jīnglǐ shì bú shì zài Shànghǎi chū chāi?
2. Lǐ Jīnglǐ xià zhōu cái huì líkāi Shànghǎi ma?
3. Tāmen míngtiān shì chī wǔfàn háishi wǎnfàn?
4. Lǐ Jīnglǐ míngtiān zhōngwǔ yǒu shíjiān ma?
5. Lǐ Jīnglǐ míngtiān xiàwǔ yǒu ānpái ma?
6. Tāmen yào chī shénme cài?
7. Tāmen shénme shihou chī?
8. Tāmen qù shénme cāntīng chī?
9. Cāntīng zài shénme dìfang?
10. Lǐ Jīnglǐ qù guò Xīntiāndì ma?

8.2 Dining with Colleagues

Passage 1

马：李先生，昨天晚上的湖南菜好吃吗？

李：好吃！他们的菜做得挺好。

马：你知道为什么现在很多人爱吃湖南菜吗？

李：不知道。为什么呢？

马：大概他们都喜欢吃辣。

李：是吗？我们昨晚喝了什么酒？

马：是中国的白酒。你喜欢吗？

李：喜欢，不过我只喝了一、两杯，就醉了。

马：中国的白酒比啤酒厉害吧！

李：对。

Mǎ: Lǐ Xiānsheng, zuótiān wǎnshang de Húnáncài hǎochī ma?

Lǐ: Hǎochī! Tāmen de cài zuò de tǐng hǎo.

Mǎ: Nǐ zhīdào wèishénme xiànzài hěn duō rén ài chī Húnáncài ma?

Lǐ: Bù zhīdào. Wèishénme ne?

Mǎ: Dàgài tāmen dōu xǐhuan chī là.

Lǐ: Shì ma? Wǒmen zuówǎn hē le shénme jiǔ?

Mǎ: Shì Zhōngguó de báijiǔ. Nǐ xǐhuan ma?

Lǐ: Xǐhuan, búguò wǒ zhǐ hē le yì, liǎng bēi jiù zuì le.

Mǎ: Zhōngguó de báijiǔ bǐ píjiǔ lìhai ba!

Lǐ: Duì.

Questions

问题

1. 昨天晚上吃了什么菜?

2. 昨天的菜很好吃吗?

3. 现在很多人爱吃什么菜?

4. 为什么很多人爱吃湖南菜?

5. 昨天晚上他们喝了什么酒?

6. 李先生喜欢昨天的酒吗?

7. 李先生昨天晚上喝了很多酒吗?

8. 李先生昨天晚上为什么喝醉了?

9. 啤酒厉害还是白酒厉害呢?

Wèntí

1. Zuótiān wǎnshang chī le shénme cài?
2. Zuótiān de cài hěn hǎochī ma?
3. Xiànzài hěn duō rén ài chī shénme cài?
4. Wèishénme hěn duō rén ài chī Húnáncài?
5. Zuótiān wǎnshang tāmen hē le shénme jiǔ?
6. Lǐ Xiānsheng xǐhuan zuótiān de jiǔ ma?
7. Lǐ Xiānsheng zuótiān wǎnshang hē le hěn duō jiǔ ma?
8. Lǐ Xiānsheng zuótiān wǎnshang wèishénme hēzuì le?
9. Píjiǔ lìhai háishi báijiǔ lìhai ne?

Passage 2

李： 白先生，你怕不怕辣？

白： 不怕，我爱吃辣。

李： 那你喜欢吃川菜了？

白： 对，我喜欢吃。

李： 你喜欢吃哪道菜？

白： 我在美国常常点"麻婆豆腐"。

李： "麻婆豆腐"是一道四川名菜。

白： 李先生，你喜欢吃美国菜吗？

李： 我没有吃过美国菜。

白： 是吗？ 那我今天晚上就请您去尝尝美国菜。

李： 太好了，谢谢您。

白： 我上个月去过一家"星期五餐厅"，那里的美国菜很好吃。

李： 那我们就去星期五餐厅吧。

Lǐ: Bái Xiānsheng, nǐ pà bú pà là?

Bái: Bú pà, wǒ ài chī là.

Lǐ: Nà nǐ xǐhuan chī Chuāncài le?

Bái: Duì, wǒ xǐhuan chī.

Lǐ: Nǐ xǐhuan chī nǎ dào cài?

Bái: Wǒ zài Měiguó chángcháng diǎn "mápó dòufu."

Lǐ: "Mápó dòufu" shì yí dào Sìchuān míngcài.

Bái: Lǐ Xiānsheng, nǐ xǐhuan chī Měiguócài ma?

Lǐ: Wǒ méiyǒu chī guò Měiguócài.

Bái: Shì ma? Nà wǒ jīntiān wǎnshang jiù qǐng nín qù chángchang Měiguócài.

Lǐ: Tài hǎo le, xièxie nín.

Bái: Wǒ shàng ge yuè qù guò yì jiā "Xīngqīwǔ Cāntīng", nàlǐ de Měiguócài hěn hǎochī.

Lǐ: Nà wǒmen jiù qù Xīngqīwǔ Cāntīng ba!

Questions

问题

1. 白先生怕辣吗?

2. 不怕辣是喜欢吃辣,对不对?

3. 白先生喜欢吃川菜吗?

4. 白先生为什么爱吃川菜?

5. 白先生喜欢哪道川菜?

6. 只有中国有"麻婆豆腐"吗?

7. 李先生吃过美国菜吗?

8. 星期五餐厅有美国菜吗?

9. 白先生去过星期五餐厅吗?

10. 白先生是什么时候去过星期五餐厅的?

11. 他们什么时候去星期五餐厅吃饭?

Wèntí

1. Bái Xiānsheng pà là ma?
2. Bú pà là shì xǐhuan chī là, duì bù duì?
3. Bái Xiānsheng xǐhuan chī Chuāncài ma?
4. Bái Xiānsheng wèishénme ài chī Chuāncài?
5. Bái Xiānsheng xǐhuan nǎ dào Chuāncài?
6. Zhǐ yǒu Zhōngguó yǒu "mápó dòufu" ma?
7. Lǐ Xiānsheng chī guò Měiguócài ma?
8. Xīngqīwǔ Cāntīng yǒu Měiguócài ma?
9. Bái Xiānsheng qù guò Xīngqīwǔ Cāntīng ma?
10. Bái xiānsheng shì shénme shíhou qù guò Xīngqīwǔ Cāntīng de?
11. Tāmen shénme shíhou qù Xīngqīwǔ Cāntīng chīfàn?

9.1 Relaxing

Passage 1

马：喂，请问，刘先生在不在?

李：刘先生不在，请问您哪位?

马：我姓马，是刘先生的朋友。他去哪儿了?

李：刘先生开会去了。

马：哦，他去哪儿开会了?

李：他上星期五去了天津。

马：他什么时候回来呢?

李：他这次开会时间比较长，下星期六才回来。

马：那你能安排我们下星期六见面吗?

李：对不起，我现在不能给您安排。

马：那等他回来，我再打电话吧。

Mǎ: Wèi, qǐng wèn, Liú Xiānsheng zài bú zài?

Lǐ: Liú Xiānsheng bú zài, qǐng wèn nín nǎ wèi?

Mǎ: Wǒ xìng Mǎ, shì Liú Xiānsheng de péngyou. Tā qù nǎr le?

Lǐ: Liú Xiānsheng kāi huì qù le.

Mǎ: O, tā qù nǎr kāi huì le?

Lǐ: Tā shàng xīngqīwǔ qù le Tiānjīn.

Mǎ: Tā shénme shíhou huílai ne?

Lǐ: Tā zhè cì kāi huì shíjiān bǐjiào cháng, xià xīngqīliù cái huílai.

Mǎ: Nà nǐ néng ānpái wǒmen xià xīngqīliù jiàn miàn ma?

Lǐ: Duìbuqǐ, wǒ xiànzài bù néng gěi nín ānpái.

Mǎ: Nà děng tā huílai, wǒ zài dǎ diànhuà ba.

Questions

问题

1. 刘先生在公司吗?

2. 谁打电话给刘先生?

3. 刘先生去哪儿了?

4. 刘先生什么时候去天津的?

5. 刘先生什么时候回来?

6. 刘先生这次开会时间长吗?

7. 刘先生这次开会多长时间?

8. 他们见面的时间已经安排了吗?

9. 现在能安排他们下星期六见面吗?

10. 马先生下星期六为什么还会再打电话?

Wèntí

1. Liú Xiānsheng zài gōngsī ma?
2. Shéi dǎ diànhuà gěi Liú Xiānsheng?
3. Liú Xiānsheng qù nǎr le?
4. Liú Xiānsheng shénme shíhou qù Tiānjīn de?
5. Liú Xiānsheng shénme shíhou huílai?
6. Liú Xiānsheng zhè cì kāi huì shíjiān cháng ma?
7. Liú Xiānsheng zhè cì kāi huì duō cháng shíjiān?
8. Tāmen jiàn miàn de shíjiān yǐjīng ānpái le ma?
9. Xiànzài néng ānpái tāmen xià xīngqīliù jiàn miàn ma?
10. Mǎ Xiānsheng xià xīngqīliù wèishénme hái huì zài dǎ diànhuà?

Passage 2

马:刘先生,你出差回来了。

刘:我刚回来,现在在公司。你有什么事?

马：我想跟你见个面。

刘：我这几天忙一点儿，星期五，行吗?

马：行，我们在哪儿见面?

刘：听说三里屯有很多新开的酒吧，我们去那儿看看，好吗?

马：好啊，我也没去过，我们就去那儿吧。

刘：那我们星期五什么时候去?

马：我一下班就去接你。

刘：去哪家酒吧呢?

马：我们到了那儿，再找一家人少的吧。

Mǎ:　　Liú Xiānsheng, nǐ chū chāi huílai le.

Liú:　　Wǒ gāng huílai, xiànzài zài gōngsī. Nǐ yǒu shénme shì?

Mǎ:　　Wǒ xiǎng gēn nǐ jiàn ge miàn.

Liú:　　Wǒ zhè jǐ tiān máng yìdiǎnr, xīngqīwǔ, xíng ma?

Mǎ:　　Xíng, wǒmen zài nǎr jiàn miàn?

Liú:　　Tīngshuō Sānlǐtún yǒu hěn duō xīn kāi de jiǔbā, wǒmen qù nǎr kànkan, hǎo ma?

Mǎ:　　Hǎo a, wǒ yě méi qù guò, wǒmen jiù qù nàr ba.

Liú:　　Nà wǒmen xīngqīwǔ shénme shíhou qù?

Mǎ:　　Wǒ yí xià bān jiù qù jiē nǐ.

Liú:　　Qù nǎ jiā jiǔbā ne?

Mǎ:　　Wǒmen dào le nàr, zài zhǎo yì jiā rén shǎo de ba.

Questions

问题

1. 刘先生现在在公司吗?

2. 刘先生的朋友为什么给他打电话?

3. 刘先生星期五忙吗?

4. 今天是星期五吗?

5. 他们打算在哪儿见面?

6. 他们为什么决定去三里屯?

7. 他们都去过三里屯新开的酒吧吗?

8. 他们星期五也要上班吗?

9. 他们已经决定了去哪家酒吧见面吗?

10. 他们会一块儿去三里屯吗?

11. 他们会找一家人多的酒吧吗?

Wèntí

1. Liú Xiānsheng xiànzài zài gōngsī ma?
2. Liú Xiānsheng de péngyou wèishénme gěi tā dǎ diànhuà?
3. Liú Xiānsheng xīngqīwǔ máng ma?
4. Jīntiān shì xīngqīwǔ ma?
5. Tāmen dǎsuan zài nǎr jiàn miàn?
6. Tāmen wèishénme juédìng qù Sānlǐtún?
7. Tāmen dōu qù guò Sānlǐtún xīn kāi de jiǔbā ma?
8. Tāmen xīngqīwǔ yě yào shàng bān ma?
9. Tāmen yǐjīng juédìng le qù nǎ jiā jiǔbā jiàn miàn ma?
10. Tāmen huì yíkuàir qù Sānlǐtún ma?
11. Tāmen huì zhǎo yì jiā rén duō de jiǔba ma?

9.2 Chilling Out

Passage 1

刘: 马经理, 你从天津回来以后, 就一直很忙。

马: 是啊, 我们今晚应该出去轻松一下。

刘: 你想去哪儿?

马: 我们可以去酒吧, 也可以去茶馆坐坐。

刘：你喜欢看表演吗?

马：喜欢，不过没看过中国的表演。

刘：那我们去老舍茶馆吧，那儿有京剧表演，还可以喝茶。

马：好主意，可是我中文不好，能看得懂京剧吗?

刘：没问题，不懂的地方我可以说明给你听。

马：太好了。

Liú: Mǎ Jīnglǐ, nǐ cóng Tiānjīn huílai yǐhòu, jiù yìzhí hěn máng.

Mǎ: Shì a, wǒmen jīnwǎn yīnggāi chūqu qīngsōng yíxià.

Liú: Nǐ xiǎng qù nǎr?

Mǎ: Wǒmen kěyǐ qù jiǔbā, yě kěyǐ qù cháguǎn zuò zuò.

Liú: Nǐ xǐhuan kàn biǎoyǎn ma?

Mǎ: Xǐhuan, búguò méi kàn guò Zhōngguó de biǎoyǎn.

Liú: Nà wǒmen qù Lǎoshě Cháguǎn ba, nàr yǒu Jīngjù biǎoyǎn, hái kěyǐ hē chá.

Mǎ: Hǎo zhǔyi, kěshì wǒ Zhōngwén bù hǎo, néng kàn de dǒng Jīngjù ma?

Liú: Méiguānxi, bù dǒng de dìfang wǒ kěyǐ shuōmíng gěi nǐ tīng.

Mǎ: Tài hǎo le.

Questions: True-False

问题：是非题

1. 马经理从天津回来以后不太忙。

2. 马经理刚从北京回来。

3. 他们打算去酒吧轻松一下。

4. 马经理喜欢看表演。

5. 马经理经常看中国的表演。

6. 老舍茶馆只能喝茶。

7. 老舍茶馆还有京剧表演。

8. 马经理看得懂京剧。

9. 马经理看京剧需要说明。

10. 他们决定去老舍茶馆。

Wèntí: Shìfēití

1. Mǎ Jīnglǐ cóng Tiānjīn huílai yǐhòu bú tài máng.
2. Mǎ Jīnglǐ gāng cóng Běijīng huílai.
3. Tāmen dǎsuàn qù jiǔbā qīngsōng yíxià.
4. Mǎ Jīnglǐ xǐhuan kàn biǎoyǎn.
5. Mǎ Jīnglǐ jīngcháng kàn Zhōngguó de biǎoyǎn.
6. Lǎoshě Cháguǎn zhǐ néng hē chá.
7. Lǎoshě Cháguǎn hái yǒu Jīngjù biǎoyǎn.
8. Mǎ Jīnglǐ kàn de dǒng Jīngjù.
9. Mǎ Jīnglǐ kàn Jīngjù xūyào shuōmíng.
10. Tāmen juédìng qù Lǎoshě Cháguǎn.

Passage 2

刘：马经理，我买不到今天晚上杂技表演的票。

马：没关系，那我们去唱卡拉OK吧。

刘：好，我知道有一家卡拉OK很好。

马：叫什么名字?

刘：叫"钱柜"，挺有名的。

马：那里有吃的吗?

刘：有，有很多好吃的。

马：都是中国菜吗?

刘：有中国菜，也有日本菜。

马：那太好了，我很久没吃日本菜了。

刘：那里的日本菜做得非常好。

马：那我们一下班就去。

Liú:	Mǎ Jīnglǐ, wǒ mǎi bu dào jīntiān wǎnshang zájì biǎoyǎn de piào.
Mǎ:	Méiguānxi, nà wǒmen qù chàng kǎlā OK ba.
Liú:	Hǎo, wǒ zhīdào yǒu yì jiā kǎlā OK hěn hǎo.
Mǎ:	Jiào shénme míngzì?
Liú:	Jiào "Qiánguì", tǐng yǒumíng de.
Mǎ:	Nàli yǒu chī de ma?
Liú:	Yǒu, yǒu hěn duō hǎochī de.
Mǎ:	Dōu shì Zhōngguócài ma?
Liú:	Yǒu Zhōngguócài, yě yǒu Rìběncài.
Mǎ:	Nà tài hǎo le, wǒ hěn jiǔ méi chī Rìběncài le.
Liú:	Nàli de Rìběncài zuò de fēicháng hǎo.
Mǎ:	Nà wǒmen yí xià bān jiù qù.

Questions

问题

1. 马经理今天晚上看了杂技表演吗?

2. 他们今天晚上为什么不能看杂技表演?

3. 他们今天晚上决定做什么?

4. 他们今天晚上要去哪儿?

5. 钱柜有吃的吗?

6. 他们今天晚上要吃什么?

7. 马经理吃过日本菜吗?

8. 他们今天晚上什么时候去钱柜?

Wèntí

1. Mǎ Jīnglǐ jīntiān wǎnshang kàn le zájì biǎoyǎn ma?
2. Tāmen jīntiān wǎnshang wèishénme bù néng kàn zájì biǎoyǎn?
3. Tāmen jīntiān wǎnshang juédìng zuò shénme?

4. Tāmen jīntiān wǎnshang yào qù nǎr?

5. Qiánguì yǒu chī de ma?

6. Tāmen jīntiān wǎnshang yào chī shénme?

7. Mǎ Jīnglǐ chī guò Rìběncài ma?

8. Tāmen jīntiān wǎnshang shénme shíhou qù Qiánguì?

10.1 Giving General Directions

Passage 1

师傅： 马经理，您想上哪儿?

马： 先回公司吧!

师傅： 您下午还要用车吗?

马： 要，我下午还要出去。

师傅： 下午去哪儿?

马： 下午一点去国贸中心。

师傅： 从公司到国贸中心不远，可以走二环，可是二环经常堵车堵得很厉害。

马： 那三环呢?　我三点半还要回公司，我约了客户。

师傅： 不是上下班时间，三环应该没问题。

马： 那我们就走三环吧。

Shīfu: Mǎ Jīnglǐ, nín xiǎng shàng nǎr?

Mǎ: Xiān huí gōngsī ba!

Shīfu: Nín xiàwǔ hái yào yòng chē ma?

Mǎ: Yào, wǒ xiàwǔ hái yào chūqu.

Shīfu: Xiàwǔ qù nǎr?

Mǎ: Xiàwǔ yì diǎn qù Guómào Zhōngxīn.

Shīfu: Cóng gōngsī dào Guómào Zhōngxīn bù yuǎn, kěyǐ zǒu Èrhuán. Kěshì Èrhuán jīngcháng dǔ chē dǔ de hěn lìhai.

Mǎ: Nà Sānhuán ne? Wǒ sān diǎn bàn hái yào huí gōngsī, wǒ yuē le kèhù.

Shīfu: Bú shì shàng xià bān shíjiān, Sānhuán yīnggāi méi wèntí.

Mǎ: Nà wǒmen jiù zǒu Sānhuán ba.

Questions

问题

1. 马经理现在要去哪儿?

2. 马经理下午还要出去吗?

3. 马经理下午要去哪儿?

4. 马经理下午要用车吗?

5. 马经理下午三点半要去哪儿?

6. 马经理下午三点半为什么还要回公司?

7. 上下班时间从公司到国贸中心，走二环快还是走三环快?

8. 他们想走几环?

9. 他们为什么不走二环?

Wèntí

1. Mǎ Jīnglǐ xiànzài yào qù nǎr?
2. Mǎ Jīnglǐ xiàwǔ hái yào chūqu ma?
3. Mǎ Jīnglǐ xiàwǔ yào qù nǎr?
4. Mǎ Jīnglǐ xiàwǔ yào yòng chē ma?
5. Mǎ Jīnglǐ xiàwǔ sān diǎn bàn yào qù nǎr?
6. Mǎ jīnglǐ xiàwǔ sān diǎn bàn wèishénme hái yào huí gōngsī?
7. Shàngxiàbān shíjiān cóng gōngsī dào Guómào Zhōngxīn, zǒu Èrhuán kuài háishi zǒu Sānhuán kuài?
8. Tāmen xiǎng zǒu jǐ huán?
9. Tāmen wèishénme bù zǒu Èrhuán?

Passage 2

马：　　小李，去奥林匹克中心。

司机：　马经理，咱们走几环?

马：　　上四环近还是上五环近?

司机：　四环近；可是奥林匹克中心在五环，走五环会比较快。

马：　　那我们就走五环。

司机：　可是我刚从五环那儿来，五环那儿不知道为什么现在车子很多。

马：　　那就先走四环，再走五环吧。

司机：　好。

Mǎ:　　Xiǎo Lǐ, qù Àolínpǐkè Zhōngxīn.

Sījī:　Mǎ Jīnglǐ, zánmen zǒu jǐ huán?

Mǎ:　　Shàng Sìhuán jìn háishi shàng Wǔhuán jìn?

Sījī:　Sìhuán jìn; kěshì Àolínpǐkè zhōngxīn zài Wǔhuán, zǒu Wǔhuán huì bǐjiào kuài.

Mǎ:　　Nà wǒmen jiù zǒu Wǔhuán.

Sījī:　Kěshì wǒ gāng cóng Wǔhuán nàr lái, Wǔhuán nàr bù zhīdào wèishénme xiànzài chēzi hěn duō.

Mǎ:　　Nà jiù xiān zǒu Sìhuán, zài zǒu Wǔhuán ba.

Sījī:　Hǎo.

Questions

问题

1. 马经理现在是和他的司机说话吗?

2. 马经理要去哪儿?

3. 奥林匹克中心离四环近还是五环近?

4. 他们现在上四环近还是五环近?

5. 奥林匹克中心在五环，师傅为什么上四环？

6. 师傅刚从哪儿回来？

7. 师傅知道五环现在为什么堵车吗？

8. 他们先走哪儿？

Wèntí

1. Mǎ Jīnglǐ xiànzài shì hé tā de sījī shuōhuà ma?
2. Mǎ Jīnglǐ yào qù nǎr?
3. Aòlínpǐkè Zhōngxīn lí Sìhuán jìn háishi Wǔhuán jìn?
4. Tāmen xiànzài shàng Sìhuán jìn háishi Wǔhuán jìn?
5. Aòlínpǐkè Zhōngxīn zài Wǔhuán, shīfu wèishénme shàng Sìhuán?
6. Shīfu gāng cóng nǎr lái?
7. Shīfu zhīdào Wǔhuán xiànzài wèishénme dǔ chē ma?
8. Tāmen xiān zǒu nǎr?

10.2 Giving Specific Directions

Passage 1

马：李先生，明天我想请你跟你太太来我家吃晚饭。

李：马先生您太客气了！ 可是我怎么去你家。

马：你们从哪来呢？

李：从东方广场。

马：你们从长安大街向东走，第三个红绿灯右转，再走二十米左右，我家就在路左边第四家。

李：你家离地铁站近吗？

马：地铁站离我家不太远，你们也可以坐地铁来。

李：在哪站下车呢？

马：建国门站。如果你们坐地铁来，我可以去地铁站接你们。

李：那我们就坐地铁吧，明天晚上见。

Mǎ: Lǐ Xiānsheng, míngtiān wǒ xiǎng qǐng nǐ gēn nǐ tàitai lái wǒ jiā chī wǎnfàn.

Lǐ: Mǎ Xiānsheng nín tài kèqi le! Kěshì wǒ zěnme qù nǐ jiā?

Mǎ: Nǐmen cóng nǎ lái ne?

Lǐ: Cóng Dōngfāng Guǎngchǎng.

Mǎ: Nǐmen cóng Chángān Dàjiē xiàng dōng zǒu, dì sān ge hónglǜdēng yòu zhuǎn, zài zǒu èrshí mǐ zuǒyòu, wǒ jiā jiù zài lù zuǒ biān dì sì jiā.

Lǐ: Nǐ jiā lí dìtiě zhàn jìn ma?

Mǎ: Dìtiě zhàn lí wǒ jiā bú tài yuǎn, nǐmen yě kěyǐ zuò dìtiě lái.

Lǐ: Zài nǎ zhàn xià chē ne?

Mǎ: Jiànguómén zhàn. Rúguǒ nǐmen zuò dìtiě lái, wǒ kěyǐ qù dìtiězhàn jiē nǐmen.

Lǐ: Nà wǒmen jiù zuò dìtiě ba, míngtiān wǎnshang jiàn.

Questions

问题

1. 马先生请李先生做什么?

2. 马先生就请李先生一个人吃饭吗?

3. 李先生去过马先生家吗?

4. 李先生会从哪儿去马先生家?

5. 李先生从长安大街向东还是向西走，能到马先生家?

6. 在第几个红绿灯转?

7. 马先生家离红绿灯多少米?

8. 马先生家是路左边第几家?

9. 马先生家离地铁站远吗?

10. 李先生打算怎么去马先生家?

11. 李先生坐地铁在哪站下车?

12. 李先生从地铁站出来以后，怎么去马先生家?

Wèntí

1. Mǎ Xiānsheng qǐng Lǐ Xiānsheng zuò shénme?
2. Mǎ Xiānsheng jiù qǐng Lǐ Xiānsheng yí ge rén chī fàn ma?
3. Lǐ Xiānsheng qù guò Mǎ Xiānsheng jiā ma?
4. Lǐ Xiānsheng huì cóng nǎr qù Mǎ Xiānsheng jiā?
5. Lǐ Xiānsheng cóng Cháng'ān Dàjiē xiàng dōng háishi xiàng xī zǒu, néng dào Mǎ Xiānsheng jiā?
6. Zài dì jǐ ge hónglùdēng zhuǎn?
7. Mǎ Xiānsheng jiā lí hónglùdēng duōshao mǐ?
8. Mǎ Xiānsheng jiā shì lù zuǒ biān dì jǐ jiā?
9. Mǎ Xiānsheng jiā lí dìtiězhàn yuǎn ma?
10. Lǐ Xiānsheng dǎsuàn zěnme qù Mǎ Xiānsheng jiā?
11. Lǐ Xiānsheng zuò dìtiě zài nǎ zhàn xià chē?
12. Lǐ Xiānsheng cóng dìtiězhàn chūlai yǐhòu, zěnme qù Mǎ Xiānsheng jiā?

Passage 2

李：喂，马经理，我是老李，我找不到你说的那家广东饭店。

马：李经理，你是怎么走的?

李：我下出租车以后向前走，第一个路口向右拐。

马：不对，你应该向左拐。

李：那我现在应该往后走，对吗?

马：对，你往后走，过了路口，再走差不多十五米就到了。

李：好，如果找不到我再打电话给你。

马：好，一会儿见。

Lǐ: Wèi, Mǎ Jīnglǐ, wǒ shì Lǎo Lǐ, wǒ zhǎo bú dào nǐ shuō de nà jiā Guǎngdōng Fàndiàn.

Mǎ: Lǐ Jīnglǐ, nǐ shì zěnme zǒu de?

Lǐ: Wǒ xià chūzūchē yǐhòu xiàng qián zǒu, dì yí ge lùkǒu xiàng yòu guǎi.

Mǎ: Bú duì, nǐ yīnggāi xiàng zuǒ guǎi.

Lǐ: Nà wǒ xiànzài yīnggāi wǎng hòu zǒu, duì ma?

Mǎ: Duì, nǐ wǎng hòu zǒu, guò le lùkǒu, zài zǒu chàbuduō shíwǔ mǐ jiù dào le.

Lǐ: Hǎo, rúguǒ zhǎo bu dào wǒ zài dǎ diànhuà gěi nǐ.

Mǎ: Hǎo, yìhuǐr jiàn.

Questions

问题

1. 李经理和马经理约在哪儿见面?

2. 李经理找到那家饭店了吗?

3. 李经理在哪个路口拐的?

4. 李经理往哪边拐的?

5. 李经理现在应该向前走吗?

6. 要不要过路口呢?

7. 过了路口还要走多少米?

8. 如果还找不到饭店,李经理应该怎么办?

Wèntí

1. Lǐ Jīnglǐ hé Mǎ Jīnglǐ yuē zài nǎr jiàn miàn?
2. Lǐ Jīnglǐ zhǎo dào nà jiā fàndiàn le ma?
3. Lǐ Jīnglǐ zài nǎ ge lùkǒu guǎi de?
4. Lǐ Jīnglǐ wǎng nǎ biān guǎi de?
5. Lǐ Jīnglǐ xiànzài yīnggāi xiàng qián zǒu ma?
6. Yào bú yào guò lùkǒu ne?
7. Guò le lùkǒu hái yào zǒu duōshao mǐ?
8. Rúguǒ hái zhǎo bú dào fàndiàn, Lǐ Jīnglǐ yīnggāi zěnme bàn?

11.1 Going Shopping

Passage 1

马： 李先生，下个月我就要回美国了，我走以前想去买些东西送给家人。

李： 好，马先生，我明天下午刚好有空，可以陪你去。

马： 那我们去王府井的东方广场吧，听说那儿什么东西都有。

李： 东方广场我还没去过。不过，听说那儿的东西不便宜。

马： 我想买一件中国的珠宝送给我太太。

李： 如果你想买珠宝，就去红桥市场吧，那儿东西比较便宜。

马： 红桥市场离这儿远不远？

李： 不太远。大约八公里。我开车送你去。

马： 好，我明天下午一点半在饭店大堂等你。

Mǎ: Lǐ Xiānsheng, xià ge yuè wǒ jiù yào huí Měiguó le, wǒ zǒu yǐqián xiǎng qù mǎi xiē dōngxi sòng gěi jiārén.

Lǐ: Hǎo, Mǎ Xiānsheng, wǒ míngtiān xiàwǔ gānghǎo yǒu kòng, kěyǐ péi nǐ qù.

Mǎ: Nà wǒmen qù Wángfǔjǐng de Dōngfāng Guǎngchǎng ba, tīngshuō nàr shénme dōngxī dōu yǒu.

Lǐ: Dōngfāng Guǎngchǎng wǒ hái méi qù guò. Búguò, tīngshuō nàr de dōngxi bù piányi.

Mǎ: Wǒ xiǎng mǎi yí jiàn Zhōngguó de zhūbǎo song gěi wǒ tàitai.

Lǐ: Rúguǒ nǐ xiǎng mǎi zhūbǎo, jiù qù Hóngqiáo Shìchǎng ba, nàr dōngxi bǐjiào piányi.

Mǎ: Hóngqiáo Shìchǎng lí zhèr yuǎn bù yuǎn?

Lǐ: Bù tài yuǎn, dàyuē bā gōnglǐ, wǒ kāi chē sòng nǐ qù.

Mǎ: Hǎo, wǒ míngtiān xiàwǔ yì diǎn bàn zài fàndiàn dàtáng děng nǐ.

Questions

问题

1. 马先生什么时候回美国?

2. 马先生回美国以前要做什么?

3. 马先生想去哪儿买东西?

4. 马先生为什么要去东方广场买东西?

5. 李先生为什么不要马先生去东方广场买东西?

6. 马先生要买什么给他的太太?

7. 买珠宝的话,应该去哪里?

8. 他们下午在哪里见面?

9. 他们怎么去红桥市场?

10. 红桥市场离酒店多远?

Wèntí

1. Mǎ Xiānsheng shénme shíhou huí Měiguó?
2. Mǎ Xiānsheng huí Měiguó yǐqián yào zuò shénme?
3. Mǎ Xiānsheng xiǎng qù nǎr mǎi dōngxi?
4. Mǎ Xiānsheng wèishénme yào qù Dōngfāng Guǎngchǎng mǎi dōngxi?
5. Lǐ Xiānsheng wèishénme búyào Mǎ Xiānsheng qù Dōngfāng Guǎngchǎng mǎi dōngxi?
6. Mǎ Xiānsheng yào mǎi shénme gěi tā de tàitai?
7. Mǎi zhūbǎo dehuà, yīnggāi qù nǎli?
8. Tāmen xiàwǔ zài nǎli jiàn miàn?
9. Tāmen zěnme qù Hóngqiáo Shìchǎng?
10. Hóngqiáo Shìchǎng lí jiǔdiàn duō yuǎn?

11.2 Before You Leave

Passage 1

马：今天太麻烦你了，陪我买了一下午东西。

李：没事儿。我也刚好想上街买点儿东西。

马：麻烦了你一个下午，晚上我请你吃晚饭。

李：你太客气了。

马：我们晚上先去吃烤鸭，再到后海的酒吧喝酒，好吗?

李：随便，你决定吧。

Mǎ:　Lǐ Xiānsheng, jīntiān tài máfan nǐ le, péi wǒ mǎi le yí xiàwǔ dōngxi.

Lǐ:　Méi shìr. Wǒ yě gānghǎo xiǎng shàng jiē mǎi diǎnr dōngxi.

Mǎ:　Máfan le nǐ yí ge xiàwǔ, wǎnshang wǒ qǐng nǐ chī wǎnfàn.

Lǐ:　Nǐ tài kèqi le.

Mǎ:　Wǒmen wǎnshang xiān qù chī kǎoyā, zài dào Hòuhǎi de jiǔbā hē jiǔ, hǎo ma?

Lǐ:　Suíbiàn, nǐ juédìng ba.

Questions

问题

1. 他们下午做什么了?

2. 马先生为什么说"太麻烦你了"?

3. "没事儿"是什么意思? 李先生为什么说"没事儿"?

4. 马先生为什么要请李先生吃晚饭?

5. 他们晚上要做什么?

6. 他们要吃中国菜吗?

7. 他们也要去喝酒吗?

8. 他们想去哪儿喝酒？

9. 他们先去喝酒，再去吃饭吗？

10. 谁决定先吃饭还是先喝酒？

Wèntí

1. Tāmen xiàwǔ zuò shénme le?
2. Mǎ Xiānsheng wèishénme shuō "tài máfan nǐ le"?
3. "Méi shìr" shì shénme yìsi? Lǐ Xiānsheng wèishénme shuō "méi shìr"?
4. Mǎ Xiānsheng wèishénme yào qǐng Lǐ Xiānsheng chī wǎnfàn?
5. Tāmen wǎnshang yào zuò shénme?
6. Tāmen yào chī Zhōngguócài ma?
7. Tāmen yě yào qù hē jiǔ ma?
8. Tāmen xiǎng qù nǎr hē jiǔ?
9. Tāmen xiān qù hē jiǔ, zài qù chī fàn ma?
10. Shéi juédìng xiān chī fàn háishì xiān hē jiǔ?

Passage 2

李：马经理，您快回美国了吗？

马：是的，我下星期三就走了。

李：太紧了。你要带回家的礼物都买到了吗？

马：都买到了。我在王府井的商店买到了中国的字画跟工艺品。

李：你回国以前，还有什么事需要我帮忙的？

马：没什么事了，谢谢你，李先生。不过，我走以前想请你跟你太太吃个饭，谢谢你给我的帮助，你们什么时候方便呢？

李：你太客气了。星期六晚上我们刚好有空。

马：那我们星期六晚上见。

Lǐ: Mǎ Jīnglǐ, nín kuài huí Měiguó le ma?

Mǎ: Shì de. Wǒ xià xīngqīsān jiù zǒu le.

Lǐ: Tài jǐn le. Nǐ yào dài huí jiā de lǐwù dōu mǎi dào le ma?

Mǎ: Dōu mǎi dào le. Wǒ zài Wángfǔjǐng de shāngdiàn mǎi dào le Zhōngguó de zìhuà gēn gōngyìpǐn.

Lǐ: Nǐ huí guó yǐqián, hái yǒu shénme shì xūyào wǒ bāngmáng de?

Mǎ: Méi shénme shì le, xièxie nǐ, Lǐ Xiānsheng. Búguò, wǒ zǒu yǐqián xiǎng qǐng nǐ gēn nǐ tàitai chī ge fàn, xièxie nǐ gěi wǒ de bāngzhù, nǐmen shíme shíhou fāngbiàn ne?

Lǐ: Nǐ tài kèqi le. Xīngqīliù wǎnshang wǒmen gānghǎo yǒu kòng.

Mǎ: Nà wǒmen xīngqīliù wǎnshang jiàn.

Questions

问题

1. 马经理什么时候回美国?

2. 马经理带回家的礼物买到了吗?

3. 马经理买了什么中国礼物?

4. 马经理在什么地方买礼物的?

5. 马经理回国以前还有什么事需要人帮忙?

6. 马经理要请李先生吃饭吗?

7. 马经理为什么要请李先生吃饭?

8. 马经理什么时候请李先生吃饭?

Wèntí

1. Mǎ Jīnglǐ shénme shíhou huí Měiguó?
2. Mǎ Jīnglǐ dài huí jiā de lǐwù mǎi dào le ma?
3. Mǎ Jīnglǐ mǎi le shénme Zhōngguó lǐwù?
4. Mǎ Jīnglǐ zài shénme dìfang mǎi lǐwù de?
5. Mǎ Jīnglǐ huí guó yǐqián hái yǒu shénmeshì xūyào rén bāngmáng?
6. Mǎ Jīnglǐ yào qǐng Lǐ Xiānsheng chī fàn ma?
7. Mǎ Jīnglǐ wèishénme yào qǐng Lǐ Xiānsheng chī fàn?
8. Mǎ Jīnglǐ shénme shíhou qǐng Lǐ Xiānsheng chī fàn?

12.1 Saying Farewell

Passage 1

李：马经理，您什么时候回美国？

马：我大后天就走。

李：这么快就走？ 需要办的事都办完了吗？

马：都办完了。这次我来中国出差您帮了这么多忙，真的非常感谢。

李：哪里，哪里，应该的。

马：李经理，如果你去美国出差，一定要让我知道。

李：当然，明年可能有个机会，如果我去的话，一定会告诉您。

Lǐ: Mǎ Jīnglǐ, nín shénme shíhou huí Měiguó?

Mǎ: Wǒ dà hòutiān jiù zǒu.

Lǐ: Zhème kuài jiù zǒu? Xūyào bàn de shì dōu bàn wán le ma?

Mǎ: Dōu bàn wán le. Zhè cì wǒ lái Zhōngguó chū chāi nín bāng le zhème duō máng, zhēn de feicháng gǎnxiè.

Lǐ: Nǎli, nǎli, yīnggāi de.

Mǎ: Lǐ Jīnglǐ, rúguǒ nǐ qù Měiguó chū chāi, yídìng yào ràng wǒ zhīdào.

Lǐ: Dāngrán, míngnián kěnéng yǒu ge jīhuì, rúguǒ wǒ qù dehuà, yídìng huì gàosu nín.

Questions

问题

1. 马经理后天去哪儿?

2. 马经理需要办的事都办完了吗?

3. 马经理为什么说"非常感谢"?

4. 李经理为什么说"应该的"?

5. 李经理有机会去美国吗?

6. 李经理去美国做什么?

7. 如果李经理去美国, 马经理会知道吗?

8. 马经理怎么会知道李经理去美国?

Wèntí

1. Mǎ Jīnglǐ hòutiān qù nǎr?
2. Mǎ Jīnglǐ xūyào bàn de shì dōu bàn wán le ma?
3. Mǎ Jīnglǐ wèishénme shuō "fēicháng gǎnxiè"?
4. Lǐ Jīnglǐ wèishénme shuō "yīnggāi de"?
5. Lǐ Jīnglǐ yǒu jīhuì qù Měiguó ma?
6. Lǐ Jīnglǐ qù Měiguó zuò shénme?
7. Rúguǒ Lǐ Jīnglǐ qù Měiguó, Mǎ Jīnglǐ huì zhīdào ma?
8. Mǎ Jīnglǐ zěnme huì zhīdào Lǐ Jīnglǐ qù Měiguó?

12.2 Bon Voyage!

Passage 1

李: 马经理, 你的行李都收拾好了吗?

马: 昨天晚上就都收拾好了。

李: 今天下午还有事儿吗?

马: 没事了, 我想轻松一下。

李: 明天几点钟的飞机飞美国?

马: 早上八点的。

李: 明天我送你去机场吧。

马: 太麻烦你了。 我准备叫出租车。

李: 没关系, 明天我有空, 我六点钟到饭店来接你。

马: 谢谢你了, 李经理。 那我们明天早上见。

Lǐ: Mǎ Jīnglǐ, nǐ de xíngli dōu shōushi hǎo le ma?

Mǎ: Zuótiān wǎnshang jiù dōu shōushi hǎo le.

Lǐ: Jīntiān xiàwǔ hái yǒu shìr ma?

Mǎ: Méishì le, wǒ xiǎng qīngsōng yíxià.

Lǐ: Míngtiān jǐ diǎn zhōng de fēijī fēi Měiguó?

Mǎ: Zǎoshang bā diǎn de.

Lǐ: Míngtiān wǒ sòng nǐ qù jīchǎng ba.

Mǎ: Tài máfan nǐ le. Wǒ zhǔnbèi jiào chūzūchē.

Lǐ: Méiguānxi, míngtiān wǒ yǒu kòng, wǒ liù diǎn zhōng dào fàndiàn lái jiē nǐ.

Mǎ: Xièxie nǐ le, Lǐ Jīnglǐ. Nà wǒmen míngtiān zǎoshang jiàn.

Questions

问题

1. 马经理的行李都收拾好了吗?

2. 马经理今天下午还有事吗?

3. 马经理什么时候收拾行李的?

4. 马经理坐几点的飞机走?

5. 马经理自己打的去飞机场吗?

6. 马经理怎么去飞机场?

7. 马经理为什么明天早上见李经理?

8. 李经理明天早上几点见马经理?

9. 李经理在哪儿接马经理?

Wèntí

1. Mǎ Jīnglǐ de xíngli dōu shōushi hǎo le ma?
2. Mǎ Jīnglǐ jīntiān xiàwǔ hái yǒu shì ma?
3. Mǎ Jīnglǐ shénme shíhou shōushi xíngli de?
4. Mǎ Jīnglǐ zuò jǐ diǎn de fēijī zǒu?

5. Mǎ Jīnglǐ zìjǐ dǎ di qù fēijīchǎng ma?
6. Mǎ Jīnglǐ zěnme qù fēijīchǎng?
7. Mǎ Jīnglǐ wèishénme míngtiān zǎoshang jiàn Lǐ Jīnglǐ?
8. Lǐ JīngLǐ míngtiān zǎoshang jǐ diǎn jiàn Mǎ Jīnglǐ?
9. Lǐ Jīnglǐ zài nǎr jiē Mǎ Jīnglǐ?

Passage 2

李：马经理，您早！吃早饭了吗？

马：还没。我想到机场以后再吃。

李：你的行李就这些吗？

马：对，就这两件，很简单。

李：那我们上车吧。现在还早，路上车子应该不会太多。

马：到机场要一个钟头吗？

李：不堵车的话，四十分钟左右就能到。

马：那很快。这次来中国，我们合作得真的很愉快。

李：是的，希望我们以后经常保持联系。

马：我一定会的。

Lǐ: Mǎ Jīnglǐ, nín zǎo! Chī zǎofàn le ma?

Mǎ: Hái méi. Wǒ xiǎng dào jīchǎng yǐhòu zài chī.

Lǐ: Nǐ de xíngli jiù zhè xiē ma?

Mǎ: Duì, jiù zhèi liǎng jiàn, hěn jiǎndān.

Lǐ: Nà wǒmen shàng chē ba. Xiànzài hái zǎo, lùshang chēzi yīnggāi bú huì tài duō.

Mǎ: Dào jīchǎng yào yí ge zhōngtou ma?

Lǐ: Bù dǔchē dehuà, sìshí fēn zhōng zuǒyòu jiù néng dào.

Mǎ: Nà hěn kuài. Zhè cì lái Zhōngguó, wǒmen hézuò de zhen de hen yúkuài.

Lǐ: Shì de, xīwàng wǒmen yǐhòu jīngcháng bǎochí liánxì.

Mǎ: Wǒ yídìng huì de.

Questions

问题

1. 马经理吃早饭了吗？

2. 马经理想在哪里吃早饭？

3. 马经理的行李多吗？

4. 马经理有几件行李？

5. 从饭店到机场要多长时间？

6. 为什么现在路上车子不会太多？

7. 他们合作得怎么样？

8. 中国人什么时候说"保持联系"？

Wèntí

1. Mǎ Jīnglǐ chī zǎofàn le ma?
2. Mǎ Jīnglǐ xiǎng zài nǎli chī zǎofàn?
3. Mǎ Jīnglǐ de xíngli duō ma?
4. Mǎ Jīnglǐ yǒu jǐ jiàn xíngli?
5. Cóng fàndiàn dào jīchǎng yào duō cháng shíjiān?
6. Wèishénme xiànzài lùshang chēzi bú huì tài duō?
7. Tāmen hézuò de zěnmeyàng?
8. Zhōngguórén shénme shíhou shuō "bǎochí liánxì"?